「寝た子」はネットで起こされる⁉

―ネット人権侵害と部落差別―

川口　泰司

公益社団法人福岡県人権研究所

はじめに

みなさん、こんにちは。山口県人権啓発センターの川口泰司です。今日は「ネット人権侵害と部落差別の現実」というテーマで話をしたいと思います。二〇二二年は全国水平社創立から一〇〇年を迎える節目の年です。この一〇〇年間、多くの人たちが部落解放・人権確立に向けて全国各地でさまざまな取り組みが進められ、差別解消に向けた取り組みは大きく前進しました。

しかし、この一〇〜二〇年、ネット時代というものが到来し、この一〇〇年間の部落差別をなくしていく取り組みの成果が一瞬にして壊され始めています。身元調査規制、就職差別撤廃などさまざまな取り組みも、今、ネットの無法地帯化によって、一瞬にして壊されているという状況になっています。こういう状況の中で、二〇一六年に「部落差別解消推進法」ができました。

今日は、この法律ができた背景にあるネット時代の差別の現実を確認し、ネット対策や人権教育・啓発の重要性、差別禁止法の必要性などについて、みなさんと一緒に考えていきたいと思います。

本書は公益社団法人福岡県人権研究所主催の「二〇二二年度啓発担当者のための人権講座」(二〇二二年一〇月三日/福岡市立中央市民センター)の講演をもとに、著者が加筆修正し、事務局が編集したものです。

○ブログや動画サイトで部落を晒す
○個人情報リストまで作成した鳥取ループの差別性
○『復刻版』の出版予告と法務省の限界
○『復刻版』出版禁止の仮処分決定
○佐賀メルカリ事件
○メルカリ事件が問うもの
○「同和教育の後退」と「無法地帯化」したネット
○ネット上の差別の放置
○自宅に無言電話が続く
○差別年賀状
○「パパ、『エタ』って何?」
○差別ハガキも自作自演と言われる
○差別が攻撃的・エスカレート
○マイノリティの「表現の自由」が萎縮
○鳥取ループ「第二世代」が生まれている

第一章　市民の感覚

身近に感じない。歴史のはなし、昔のはなし

今、僕は人権研修の講演で、全国各地の学校や行政、企業や地域などに行かせていただく機会があります。その時、中高生や若い世代の人たちと部落問題について話すと、まずこう言われます。「川口さん、学校の授業とかで部落差別について学んで、少しは知っているんだけど、部落差別って本当に、今でもあるんですか」と。部落差別、同和問題と聞くと、「身近に感じない」とか、「昔の話」「歴史の話」という感覚の人がすごく多いんですよ。みなさんは、どうですか。

これが、現代の部落問題の「見えにくさ」なんですよ。部落出身者、当事者って、見た目に違いがあるわけでも、外見的に何か分かる特徴というのはありません。実はみなさんが、これまで出会ってきた友人や知人、職場の同僚やお客さんなんかにも、部落にルーツを持つ方は必ずいると思います。でも、その多くの部落出身者は自分でカミングアウトしていません。

部落出身の教員と話していると、同僚やクラスの子どもたち、保護者には自分が部落出身であることは言ってないという先生も結構います。その部落出身の先生は、自分のルーツで悩んだり、傷ついたり、不安を持って生きているかもしれない。でも、

そのことをカミングアウトしていないから、周りの人はそんなことに気づけていません。この当事者の見えにくさっていうのが、逆にこの差別の現実を覆い隠し、部落問題の見えにくさにも繋がっています。

「寝た子を起こすな」論

次は部落問題について話すと、必ず出てくる意見が「寝た子を起こすな」論です。「もう今の若い子たちや子どもたちは部落とか気にしていないし、そんな部落差別のことを知らないのだから、何も教えず、そっとしといたら、そのうち差別はなくなる。わざわざ、寝た子を起こすようなことはしない方がいい」という考えです。

これが、いわゆる「寝た子を起こすな」論です。人権研修会や個人的な会話でも、この意見を言う人に僕もたくさん出会ってきました。各地の人権意識調査結果でも、大体二割から三割くらい、この意見を支持する人たちがいます。行政職員や学校の先生にも、本音ではそう思っている人も結構いると思います。

僕は、部落問題についてはこの「寝た子を起こすな」という考え方に対して、「なぜ、この考えでは、部落差別がなくならないのか」「なぜ、この考えが間違っているのか」というのを、自分の言葉で、目の前の人に語れるかどうか。これが、部落問題をある一定理解したかどうかの一つのバロメーターだと思っています。

実は、この「寝た子を起こすな」論を言っている人の多くは「部落差別なんかおかしいよね」「同和地区の人が差別される、そんなのおかしいよね」って思っている人が言っているんですよ。

「部落差別は許せない、おかしい」と思っているのに、なぜ、「寝た子を起こすな」論になるのか、その要因の一つは「差別の現状認識」の違いからきています。もう、今は部落差別なんか、ほとんどなくなっているし、たいしたことないよ。だから、そっとしといた方がいいと、「差別の現状認識」の違いからくる「消極的な差別解消論」と捉えたらいいと思います。だから、こういった意見を言っている人に対しては、「じゃあ、今一体、世の中では、どういった部落差別が現実に起きているのか」と一緒に学習を進めていくことです。差別は見ようとしなければ見えません。まずは、自分たちが世の中で起きている部落差別の現実を、しっかりと「見ようとしているかどうか」が問われています。

差別は見ようとしなければ見えない

部落の人が普段、いろんな場面で部落問題に悩んだり、不安に思ったり、揺れて生きている。でも、そのことを「安心して語れる場」や「部落問題を理解して、受け止めてくれる仲間」が周りにいなければ、当事者はなかなかそのことを語れません。特に、インターネットが普及した今、「寝た子を起こすな」論は通用しません。「寝た子はネットで起こされる」時代になっています。

現在のネット時代における部落差別の現実を踏まえて、改めて部落差別の現実を一緒に学んでいくことが大事だと思います。差別の現実を知ることで「自分の周りでも、こんな差別の現実や思いを持って生きている当事者がいたんだ」「ネット時代の今、部落差別はこんな深刻な状況になっているのか」と差別の現状認識が変わるなかで多くの人は、「やっぱりこれは取り組まないといけない」「正しく知っておかないといけない」ってことに変わってきます。このように、正しく「差別の現状を認識」していくことで、「寝た子を起こすな」論の間違いに、自分自身で気づいていきます。

自分は差別なんてしないから大丈夫

差別問題について話をすると、「自分は差別とかしないから大丈夫」と思っている人がすごく多いです。差別というのは自分とはどこか違う、強烈な差別意識を持った、路上で公然とヘイトスピーチをするような、そういう人をイメージします。例えば、「自分は、部落の人とは、飯も食いたくない、付き合いもしたくない」とか、そういう人をイメージします。だから、多くの人は、「自分は差別意識とか持ってないし、だれが部落出身者とか意識していない」「もし友達が部落出身と分かっても、そんなこと気にせず、今まで通り付き合う。だから、自分は差別とかしないから大丈夫」という感じです。差別する人というのは自分とはどっか違う。悪い人がするものだと思っています。

僕ね、人権研修の時のターゲットっていうのは、この「自分は差別とかしてないから、大丈夫」という人がターゲットなんです。

確信犯的な差別主義者には法規制が必要

今、日本でも強烈な差別意識を持ち、ネット上で確信犯的に攻撃的な差別行為や差別扇動をする人たちがいます。ヘイトスピーチもそうですよね。こういった確信犯的な差別主義者に対しては、この一時間、二時間の人権研修では変わりません。もう本人たちは差別を正当化する思想を持って、確信犯的にやっていますから。こういう人に対しては、教育・啓発というレベルではなく、そういった差別行為を禁止する法律やルールが必要です。あなたがどんな理由や思想を持ってようと、こういった差別行為はやってはいけません。もし、それでも差別をするなら、社会的な責任を取ってもらいますというルールが必要です。そのためにも、差別を禁止する法律が必要です。

ただ、そこまで攻撃的な差別主義者でない方で、年に一回ほど人権研修会に参加して学習される方への研修では、この「自分は差別とかしないから、大丈夫」という考えが「いかに危ないか」ってことに気づいてもらうことが大事なんです。

「無知・無理解・無関心」な人が危ない

なぜかと言うと、「自分は差別とかしないから大丈夫」っていう人は、日常生活で、積極的に差別を扇動するというようなことはしないですよ。でも、今度は逆にね、その差別問題、人権問題について無関心になっていくんですよ。「もう、自分は差別しない、わかっている。だから、学ぶ必要もない」と言って、今度は「無関心」になっていくんです。そういう人は、まず、今日みたいな人権研修会には自分から積極的に参加しませんよ。今回は組織の動員で「行ってこい」ってね、嫌々動員で参加している人もいるかもしれません。でも、そうやって嫌々参加して、部落問題に無関心な人は、もう最初から寝ていますから。今日は寝ている人いませんか。大丈夫ですか。寝た子は起こしてください（笑）。

実は、今日本で起きているさまざまなハラスメントやいじめ、差別や人権侵害の加害者ってどういう人が加害者になっているかというと、その差別問題に「無知」「無理解」「無関心」な人たちが、「無自覚」にそのマイノリティの足を踏んでいるんです。いいですか、もう一度言いますね。今日本で起きている、様々なハラスメントやいじめ、差別や人権侵害の加害者の多くは、「こいつを差別してやろう」「貶めてやろう」「侮辱してやろう」と思って意識して、意図的にやっているんじゃないんですよ。逆なんです。その差別問題の歴史や教訓、差別の現状認識に対する「無知・無理解・無関心」、偏見やステレオタイプから、「無自覚」にそのマイノリティの足を踏み、傷つけているんです。このような無自覚の差別を「マイクロアグレッション」といいます。

「マイクロアグレッション」と自覚なき加害者

これまでは、そうやって足を踏まれてきたマイノリティの人たちは、このようなマイクロアグレッション（無自覚の差別）に対しては我慢していたんです。「このエタが」とか「部落の人間のくせに」などと、侮辱の意志を持った明らかな差別だったら、「それは差別発言だ！」と抗議できました。でも、そうではない、悪気ない無自覚の差別に対しては抗議することはしにくいため我慢してきたんです。

でも近年は、そうやって傷ついてきた被害者や、マイノリティが、自分たちの権利意識に目覚め始め、学び始め、その被害について声を上げ始めたんです。「もうこれって、我慢しなくていいよね」「これって、セクハラだよね」「これって、パワハラだよね」「これってもうＤＶだよね」「これって虐待だよね」「この表現、差別的でアウトよね」って、周りの人も指摘し始めたんです。そして、その加害者の言動が「差別だ」「いじめだ」「ハラスメントだ」と可視化され問題となっていきます。今、起きているハラスメントや差別、人権侵害などの事件の多くはこのような自覚なき加害者による差別が問題なっているケースが多いんです。

「自分は差別する意図はなかった」

そして、差別だと指摘された加害者はこう言います。「自分はそんな差別する意図はなかった」と、まるでテンプレートの回答のように、みんな同じことを言います。あの加害者の「自分はそんな差別する意図はなかった」ってのは、あれは、正直な気持ちだと思います。本人たちは「こいつを差別してやろう」「貶めてやろう」「侮辱してやろう」と思って言っている訳ではないのです。逆に本人たちは「よかれ」と思ってやっている言動も多いんです。でも、その「よかれ」と思ってやっている、その「指導」の仕方はもうパワハラなんですよ。本人が「よかれ」と思って、その女性に対しておこなっている言動は、相手にとってはセクハラなんです。みんな、相手を傷つけている、足を踏んでいるという自覚がないんです。だから、「そんなつもりはなかった」って言うんですよ。

第二章　日本の人権基準の高まり

二〇一六年「人権三法」が施行

では、なぜ、このような「自覚なき加害者」たちの言動が「差別だ」「いじめだ」「ハラスメントだ」と言って問題とされ、それを指摘された人たちは「そんなつもりはなかった」という、こんな事件が、近年、たくさん起きているのでしょうか。

はい簡単です。それは、日本の人権基準が上がっているからなんです。特にこの数年、日本は人権に関する個別法が次々と施行され、ガイドラインなども整備されていっています。

二〇一六年には、いわゆる「人権三法」が施行されました。日本で初めて「差別解消」という名前が入った法律が三つも施行したんです。その一つが「障害者を理由とする差別の解消の推進に関する法律」（「障害者差別解消法」）、次に「本邦外出身者に対する不当な差別的言動の解消に向けた取組の推進に関する法律」（「ヘイトスピーチ解消法」）、最後に「部落差別の解消の推進に関する法律」（「部落差別解消推進法」）、いわゆる人権三法が施行されました。

人権の個別法が次々と成立・施行

二〇一八年には「政治分野における男女共同参画の推進に関する法律」が施行され、国会議員や地方議員の選挙において女性と男性の立候補者の比率を均等にしていこうと各政党などに求めている法律です。同法は二〇二一年に改正されて、選挙や政治活動におおける女性議員などに対するセクハラやマタニティーハラスメントの防止対策なども盛り込まれました。

二〇一九年には、「ハンセン病元患者家族に対する補償金の支給等に関する法律」（「ハンセン病家族補償法」）の施行とともに、「ハンセン病問題基本法」も改正され、ハンセン病差別の対象に元患者だけでなく、その家族も対象となりました。その差別の「人生被害」に対する名誉回復の措置と補償がおこなわれることになりました。

二〇一九年には「アイヌの人々の誇りが尊重される社会を実現するための施策の推進に関する法律」ができました。アイヌ民族を改めて先住民族として認め、アイヌ民族に対する差別を禁止し、二〇二〇年に北海道に「ウポポイ」（民族共生象徴空間）という国立アイヌ民族博物館をつくり、アイヌ文化の継承と情報発信、学ぶことが出来る取り組みがおこなわれています。

「パワーハラスメント防止法」が全面施行

二〇二〇年には「改正労働施策総合推進法」（「パワーハラスメント防止法」）が施行されました。すべての企業（事業主）は、職場においてパワハラが起きないように適切な措置を講じることが義務化されました。そして、職場でパワハラが起こったら適切に相談も含め対応しなければいけません。

そのパワハラの概念の中には、ＬＧＢＴＱ（性的マイノリティ）に対するアウティング行為（本人の同意なく第三者へ暴露する行為）も入ったんですね。「実はあの人はゲイだ、レズビアンだ」とか「あの人はトランスジェンダーらしい」とか、こういったアウティング行為も、職場におけるパワハラに当たると規定されていきました。

また、パワハラのなかには「レイシャルハラスメント」、人種にもとづく嫌がらせも該当するとされました。今、外国にルーツを持つ人もたくさん職場でも一緒に働いています。その人に対するハラスメント行為、これも「レイハラ」として、パワハラの一つに該当するということで規定されました。

「プロバイダ責任制限法」と「刑法」の改正

ネット誹謗中傷の深刻化を受けて「プロバイダ責任制限法」が二〇二一年に改正さ

れ、発信者情報の開示請求の裁判手続きがおこないやすくなりました。二〇二二年には「刑法」が改正され、侮辱罪が厳罰化されました。これまではネット上で誹謗中傷などを受けた被害者が、刑事告発して犯人を特定して訴えたとしても、刑法の侮辱罪では最も軽い一万円以下の科料でした。一万以下の科料で前科もつきません。

プロレスラーの木村花さんがネット誹謗中傷によって自死し、大きな社会問題となりました。お母さんがネット上で悪質な中傷をおこなった犯人を刑事告訴しましたが、侮辱罪で、たった九九〇〇円の科料でおしまいでした。「花の命はたった九九〇〇円なのか」と、お母さんの悲痛な声に、多くの人が胸を痛め、刑法の見直しがはじまり、約八〇年ぶりに侮辱罪が厳罰化されました。

今までは、「侮辱罪」は刑法で最も軽微な刑として一万円以下の科料でしたが、法改正で「三年以内の懲役、三〇万円以下の罰金」になりました。現在、ネット誹謗中傷で刑法に触れて、訴えられて罰を受けると、前科が付くようになりました。このように悪化するネット上の誹謗中傷や人権侵害を踏まえて、法律も改正されていきています。

「オリンピック憲章」と差別禁止規定

このように、この数年間を見ていくだけでも日本は人権に関する個別法が次々と整備されてきています。実はこのような日本の人権基準の高まりの背景には、東京オリンピック・パラリンピックが大きな影響を与えました。

オリンピックというのはまさに「平和と人権の祭典」なんです。オリンピック憲章（国際オリンピック委員会）には「人種」「性別」「性的指向」「出自やその他の身分」など、あらゆる差別を明確に禁止しており、オリ・パラにかかわるすべての企業は人権ガイドラインを遵守することが求められています。

このようなオリ・パラの日本での開催の取り組みを通して、ジェンダー平等、性的マイノリティや障がい者差別、外国人差別撤廃などの取り組みも前進し、国内の人権基準が上がってきました。

「ビジネスと人権」と企業の「人権指針」策定

そして世界的には国連が提唱するＳＤＧｓの取り組みも、日本の人権基準に大きな影響を与えています。現在、各国政府が「持続可能な開発目標」を設定し、企業も積極的な取り組みを展開しています。このＳＤＧｓの達成に向けては、ジェンダー平等や性の多様性、教育や貧困の問題など人権問題に対する取り組みが重要な要素として位置づけられています。

そして、これからの人権問題の取り組みを進める上で、ぜひ、みなさんにも知っておいて欲しいのが国連の「ビジネスと人権に関する指導原則」の取り組みについてです。

二〇一一年に国連の人権理事会で「ビジネスと人権に関する指導原則」（以下、「指導原則」）が全会一致で承認されました。この中では、①人権を保護する国家の義務、②人権を尊重する企業の責任、③人権侵害を受けている人の救済措置へのアクセスという三つの柱をかかげました。このうち、企業に関しては、まず人権を尊重する方針（人権指針）を表明し、自社の内部だけでなく、取引先においても、人権が侵害されぬよう努めることを呼びかけています。

「人権デューディリジェンス」って何？

そこで重要となるキーワードが「人権デューディリジェンス」（人権DD）です。人権DDとは、具体的に言うと、自分たちのサプライチェーン（取引先やお客さんなどの利害関係者）のすべての企業活動において、人権侵害がおこなわれないよう措置をとることです。そのために「人権リスク」がないか事前にチェックし、取り除き（予防・軽減・対処）、人権侵害があれば、救済に向けて適切に取り組むということです。

こうした国際社会の要請があり二〇二〇年に日本政府も「ビジネスと人権に関する

行動計画」、二〇二二年に「責任あるサプライチェーン等における人権尊重のためのガイドライン」を策定し、企業に対する取り組みの充実を求めています。

経済産業省の調査（二〇二一年）では、すでに日本の上場企業の半数が人権デューデリジェンスを実施しています。経団連も「企業行動憲章」（実行の手引き）の第4章「人権の尊重」を大幅に改訂し、経営者向けの人権ハンドブックを作成し、全会員企業に人権指針の策定の取り組みを呼びかけています。このように、今、企業も経営リスクの重要なポイントとして「人権リスク」というものを位置づけるようになってきています。

これからの企業活動においては高い人権意識や認識などが非常に重要になってきており、企業が求める人材の条件も変わってきています。この点を学校や教育行政に携わる人はしっかりと自覚しておく必要があります。もう学生に求めるのは受験学力だけじゃないんですね。いわゆるこういった多様性（ダイバーシティ）とか人権感覚の高い学生たちを企業は求めてきています。

人権基準のアップデート

このように、この五年、一〇年の間に日本社会おける人権基準はどんどん高まっています。では、このように人権に関する法制度が整備されていく、人権基準が高まっていくと、どんなことが起きてくるのか。それは、議員や行政職員、企業や団体の役員、学校の先生方などが、職場や地域、学校・園などでおこなってきたさまざまな言動や行為、スピーチ、指導、行事やイベント、申請書類や広報・チラシなど、これまでは問題とされていなかったものが人権基準が上がってくると、それらがアウトになってくるのです。

「悪気はなかった。差別する意図はなかった」とか「今まで通りやっただけ」が通用しなくなるんですよ。逆に、議員や行政職員、教職員、団体や企業のトップには、高い人権基準が求められているんです。だから、常に自分たちの人権意識、人権基準をアップデート、更新し続けてほしいんですよ。そうしないと「良かれ」と思ってやっている、その指導や言動は、もう時代的に「パワハラ」「虐待」としてアウトかもしれません。毎年やっている行事やイベント、学校の運動会や修学旅行などいろんな取り組みの「人権リスク」をチェックし、改善していく必要があります。

そのチラシやポスターで、しんどい思いをしているマイノリティの人はいないだろうか、その商品やサービスでは、障害者やマイノリティの存在を無視して作られていないだろうかなど、常に自分たちの業務や言動にある「人権リスク」を点検し、制度や仕組み、人権基準をアップデートしていく必要があるんです。

そういう意味では、差別問題・人権問題は「自分は差別してないから大丈夫」とか、「自分の職場や学校では、これまで、そういう問題は起きてないから大丈夫」という意識は一回捨ててほしいです。常に自分たちの人権基準をアップデート、更新し続けていってほしいということなんです。

ネット差別の現実を踏まえた部落問題学習を！

部落差別、同和問題についても「これまで学習してきたから分かっている」というのではなく、ネット時代の今、部落差別はどういう形で表れているのか、あらためてその現状を踏まえた人権教育や部落問題学習が求められています。

特に、「部落差別解消推進法」が施行されて、全国の学校現場でも部落問題学習に取り組もうと、教育委員会や先生たちが教材開発や指導案の作成などを進めています。しかし、その内容の多くが、ネット時代以前の「昭和」「平成」時代の同和教育の教材や部落史を中心とした学習資料が多いのが現状です。

ネット上であふれる「現代の部落差別」の主張や言説、部落がネット上で晒されている現実を踏まえた、新たな部落問題学習や研修内容が求められています。そんな問題意識をもとに、みなさんとこれからの取り組みについて一緒に考えていきたいと思います。

第三章　悪化するネット上の部落差別の現実

「部落差別解消推進法」の立法事実にネット差別

二〇一六年一二月、「部落差別解消推進法」が成立、施行されました。この法律の第一条の冒頭に、「この法律は、現在もなお部落差別が存在するとともに、情報化の進展に伴って部落差別に関する状況の変化が生じていることを踏まえ」と書かれています。一言で言うと、ネット時代における部落差別の深刻化、悪化、これがいよいよ大変な状況になったということで、この法律ができました。

今、インターネットやSNSなどの便利な機能やサービスが差別に悪用・乱用され、深刻な人権侵害や差別扇動が起きています。ネット上では、部落に対するデマや偏見、差別的情報が蔓延し続けています。部落問題について「無知・無理解」な人ほど、そうした差別情報の影響を受け、部落に対する偏見や差別意識が強化されています。

特にSNSや掲示板・コメント欄などでは、部落問題に関する投稿は、偏見や差別意識に基づく情報が多く、「差別助長教育」「差別扇動教育」が日々進行している状況です。部落問題に無知、無理解、無関心だった人が、このような偏見や差別を助長する情報に接して、見事に誤った認識、差別的で偏った価値観に陥っていきます。

また、ネット版「部落地名総鑑」「部落人名総鑑」「部落マップ」までが作成され、ネット検索で容易に「どこが部落か」「誰が部落出身者か」などの差別身元調査・土地差別調査が可能な状況になっています。

さらに、ネット上での部落差別が放置・容認されていることで、現実社会での差別がエスカレートしています。現実社会では許されない差別行為でも、ネット上では野放し状態となった結果、これまで積み上げてきた社会規範や人権基準が破壊され、現実社会に深刻な影響を与えています。

「部落差別解消推進法」施行から七年を迎えますが、すでに理念法の限界が明らかとなっており、差別禁止規定を盛り込んだ「部落差別解消推進法」の改正が求められています。

SNSの特徴と差別の強化

現在、インターネットでの情報発信はSNSが主流になっています。まず、SNSの特徴について、基本的な点を確認しておきたいと思います。

スマートフォンが普及し、個人のネット利用の多くがSNSとなっています。ツイッターやインスタグラム、フェイスブックをはじめ、ユーチューブやティックトックなどの動画コンテンツも若い世代を中心に人気です。子どもたちはテレビよりも、ユーチューブなどの動画コンテンツをよく見ています。

今から二〇年程前、二〇〇〇年前後から一般家庭でもインターネット環境が整備され、個人のネット利用者も増えてきました。当時は、ネットというとホームページが主流の時代です。企業や団体組織が、お金出して業者にホームページを作ってもらい、一回更新するたびに数千円払うというような時代でした。

そのため、ネット初期の頃は、個人よりも企業や行政、団体などのオフィシャルなサイトが主流でした。企業や団体などのオフィシャルなサイトはある程度は、第三者のチェック機能が働いていました。その後、ネット環境がどんどん整備され、この一〇年間で大きく状況が変わりました。今は、携帯電話・スマートフォンがあれば二四時間いつでも、どこでもネットにつながる時代になりました。また、SNSの普及にともない個人が簡単に情報を発信できる時代へと大きく変化しました。小学生でも動画を簡単に編集して発信できる時代となり、日本も「一億総メディア」化しました。

フォロワー数で評価される

SNS上の情報はフェイクニュースも含めて、差別的な表現や憎悪感情むき出しの投稿がノーチェックで発信できるようになり、情報の質も変わりました。正しい情報もあるけれども、そうじゃないフェイク情報もあふれています。

ＳＮＳ上ではフォロワー数や「いいね」「リツイート」数が多いほど、その情報に価値があると評価される特徴があります。例えば、部落問題の研究者・大学の先生のツイッターやYouTubeのフォロワー数が一〇〇人だとします。そうすると同じ部落問題についての投稿であっても、フォロワー数が一〇万人の影響力のある人の発信の方が、たとえデマやフェイク情報であっても、なんとなく「正しい」という感じで評価され支持されていきます。

ＳＮＳ上では正しい情報が、常に正しく評価されているとは限らないということです。その投稿にどれだけ多くの人の「いいね」がつき、どれだけ拡散されているか、リツイートされているか、視聴されているかなどが評価のポイントになっています。いい評価の反応が多いほど、何となくこれは世の中に受け入れられている「主流派」「正しい」価値観だとなっていくわけです。

差別を扇動する人たちのアカウントや投稿であっても、多くの人がフォローし、拡散され、「いいね」と評価されることで「多くの人もこの考えを支持している」という空気感が形成され、社会の差別意識が強化されていきます。

フィルターバブル

現在のネットやＳＮＳの情報は、自分の見たい情報に囲まれていく仕組みになっています。これを「フィルターバブル」現象と言います。僕たちの目の前に届いているネット情報は、届いた時点でフィルタリング（仕分け）がかかっているのです。その人の趣味や価値観、関心のあるものなど、過去の閲覧履歴やキーワード検索、広告表示へのクリック、どんな動画チャンネルを見ているのか、ネット通販で何を買ってるのかなど、全部ビッグデータとしてネット企業が情報収集しているんです。それらのビッグデータをもとに、ＡＩが次に表示する情報の優先順位を最適化して届けています。

フェイスブックなどの投稿表示の優先順位もすべて違ってきます。「あなたにおすすめのサイト」「おすすめのコミュニティ」「知り合いかも？」などと、次々と同質の価値観の人たちがつながる仕組みになっています。

このように僕たちの目の前に届いている情報は、「自分の見たい、知りたい」情報が集まり、自分と価値観のあう、同じ意見の人たちがどんどんつながる仕組みになっています。そして、同質の価値観の人たちに囲まれて、バブルのような状態になり、自分の見えている世界の価値観が全てのように見えてきます。これを「フィルターバブル」現象と言います。

このフィルターバブルの中にいると「あなたの言っていることは間違っていますよ」と、エビデンスに基づく事実を突きつけても、自分と同じ意見の人たちに囲まれ、自分に都合のよい情報だけ見ているので「そんなはずはない」と聞こうとしません。

差別者がつながる

フィルターバブルのなかでは、自分と相反する意見や対立する意見、価値観の違う人とはどんどんつながりがなくなっていきます。ある意味、多様性が失われていっている状況なのです。

このフィルターバブルのなかでは、一度、差別的なサイトや動画にアクセスすると、「あ、この人は、こういう動画が好きなのか」とＡＩが判断し、次々と同じような差別的な動画がその人に紹介されてきます。「あなたにおすすめの書籍」「おすすめコミュニティ」として、どんどんつながっていきます。差別する人がどんどんつながっていくのです。

これまで地域や職場などでは、孤立していた差別的な考え方や思想の人でも、ネット空間では、どんどんとつながっていくのです。「私もそう思う」「俺もそう思う」「私もそう思う」「私も」「私も」と、孤立していた人たちが、次々とつながっていくのです。フィルターバブルの中で、同じ意見の人がある一定数の数になってくると、「私たち結構支持されている」と自信がついてきます。そして、その人たちのネット空間と現実社会がボーダレスになり、先鋭化した人たちが現実社会でも行動し始めるのです。「ネットから路上に」、これが、大きな社会問題となったヘイトスピーチです。

こういうことがネット時代の中で起き始めているのです。差別する人がどんどんネット空間でつながっていく。同質の価値観、差別的思想を持った人のコミュニティが強化されていきます。「エコーチェンバー」現象と言って、反対派のいない、同質の価値観・意見を持った人たちが集まると、反響しあって議論が盛り上がっていきます。そして、尖鋭的な人たちが実行し始める、これが後ほど話す、鳥取ループ・示現舎代表のように、これまではあり得なかったような、攻撃的な差別主義者を生み出しているのです。

現代の差別する人の特徴は「無関心差別」と、もう一つがこの「攻撃的差別」です。それは実際こういった、ＳＮＳの仕組みにより、どんどん差別者がつながる仕組みが影響しています。

見たい情報を見て、信じたい情報を信じる

次にＳＮＳは、自分の見たい情報に囲まれ、自分にとって心地よい情報（都合のいい情報）、「信じたい情報」を信じる傾向があります。これを社会心理学では「認知バイアス」「確証バイアス」と言います。バイアスというのは先入観や思い込み、偏見と思ってください。ある物事を認識する、認知する段階で、まずはバイアス（先入観）を持っていると、自分にとって都合のいい情報ばかりを見て、自分の考えの正し

さを確認していきます。

例えば、「中国人はルールを守らない」というバイアスを持っている人は、列に割り込みした人が中国人であったら、「ほら、やっぱり中国人はルールを守らない」と言って、自分の仮説の正当性を強化していきます。その列にはルール守って並んでいる中国人もたくさんいるのに、そこはスルーします。そこは自分にとって心地よくない、都合の悪い情報だから見ないんですね。

陰謀論とフェイク

この間のフェイクニュースの研究で明らかになったのは、フェイクニュース（偽情報）を信じている人に「それフェイクですよ。間違っていますよ」とエビデンス（科学的根拠）にもとづき間違いを指摘しても、その指摘を信じずに、もともと持っていた自分の考えをさらに強固にしていく人たちが一定数いることが明らかになっています。

例えば、二〇二〇年のアメリカの大統領選挙で現職だったトランプ大統領が、バイデン現大統領に負けました。あの選挙でトランプさんや彼の支持者たちは、「大量のトランプ票が川に捨てられた結果、自分たちは選挙に負けた」「選挙で不正があった」と騒ぎ、裁判に訴えました。トランプさんは、各州で裁判をしたけれど、「そんな事実はなく、不正はなかった」と全部の州で負けました。それでも、いまだにトランプ支持者では、「そんなはずはない。あれはデマだ」と都合のいい情報だけを見て、信じ込んでいる人たちが多くいます。

このような「認知バイアス」や「フィルターバブル」といったＳＮＳの特徴により、差別的な人は、より差別的になっていき、差別的な人同士がつながっていきます。そして、先鋭的な人が現実社会で実行し始めます。部落差別も同様の影響を受けており、水平社創立以後、一〇〇年以上にわたる部落問題解決の取り組みが一瞬にして壊されていくような状況が、起きてしまっています。

ネット上で晒される部落（部落出身者）

ネットと部落差別をめぐる大きな問題として、もう一つが「部落地名総鑑」です。部落の人たちは見た目ではわかりません。だから、部落差別をする人は「どこが部落か」「誰が部落出身者なのか」というのを調べるということから始まります。今、「部落地名総鑑」がインターネット上でバラまかれています。実際に部落の地名リストだけではなく、「実際に部落に行ってみよう」と、同和地区に行って、部落の地名や民家、墓石などまでを動画や写真で撮影し、ブログやツイッター、ユーチューブにアップされています。

さらには、部落の人たちの「人名総鑑」までが作成され、ネット上で晒されています。市町村別に部落の人たちの名字リストが作成され、「解放同盟関係人物一覧」では、解放運動団体の役員の人たちなどの名前や住所、電話番号などまでがリスト化され、ネット上で晒されています。「寝た子を起こすな」とか、「そっとしといた方がいい」とかいう場合ではないないです。部落の人たちが「暴き」「晒されて」いるんです。そして、こういった状況に対して国や行政、ネット企業などの取り組みも弱く、全くと言っていいほど無法地帯化しています

次々とネットを悪用した深刻な差別や人権侵害が起きているんです。鳥取ループ・示現舎のように、公然と自分の名前や住所、顔を出し、部落に行って動画を撮影しアップしている人までいます。

しかし、このような行為を部落差別として禁止する法律がないために、国や地方自治体も、差別者の行為を止めることができない状況が続いています。いくら人権教育や人権啓発で「身元調査はダメだ」と言っても、「もうネットに書いているじゃないか」「どこが部落かを調べたり晒すようなことをしても、何も罰せれることもないじゃないか」と、差別に対する社会規範、差別のハードルが下がっています。

私たちが一〇〇年以上かけて取り組んできた部落解放の取り組みや身元調査規制の取り組み、統一応募用紙など同和教育運動の取り組みが一瞬にして壊されていま

す。このように「情報化の進展に伴って部落差別の現状に変化が生じている」ことが大きな立法事実として、二〇一六年に「部落差別解消推進法」ができました。

ウィキペディアの部落問題記述

では「偏見や差別情報」の氾濫から具体的に見ていきましょう。これは「部落差別解消推進法」が施行された後の二〇一七年頃のスクリーンショットです。当時、「部落」というキーワード検索した時、検索上位はアクセス数が高いサイトが上位に表示されていました。トップにあるのが部落問題の「ウィキペディア」、次に「全国の同和地区ｗｉｋｉ」、これはネット版「部落地名総鑑」です。

当時、子どもたちが学校の調べ学習などで、ネットで「部落」とか検索したら、トップページに「部落地名総鑑」があり、二番目に開く状態でした。

まず、ウィキペディアはご存じですよね。調べものをするときに、参考にする人も多いと思います。「ネ

部落
検索
約234,000,000件
検索ツール
部落地名総鑑　部落地名　部落問題　で検索
部落問題 - Wikipedia
ja.wikipedia.org/wiki/部落問題 - キャッシュ
部落問題（ぶらくもんだい）は、差別に関する、日本の人権問題、利権問題を含む社会 問題の一つである。 目次. [非表示]. 1 概要; 2 「部落」の概念. 2.1 呼称の変遷. 3 歴史. 3.1 起源; 3.2 身分制度の廃止; 3.3 ...
概要 - 「部落」の概念 - 呼称の変遷 - 歴史
全国の同和地区 - 同和地区Wiki
同和地区.com/wiki/全国の同和地区 - キャッシュ
2017年5月7日 - 俗に全国の被差別部落の数は6000といわれるが、本田豊によるとこれは長吏系部落 のみの数であり、広島などの山窩系や茶筅系、島根などの鉢屋、熊本や福岡などの 山窩系や非人系部落を含めると1万近くにのぼるのではないかという。

ット版の百科事典」と思ってください。そのテーマに詳しい人であれば、誰もがテーマの項目に書き込んで編集ができます。書く人は中立的、客観的、エビデンス（根拠）に基づいて書くというルールがあります。だから、引用元の文献などもちゃんと提示する必要があります。

しかし、このウィキペディアも全面的に信じないでください。フェイクや書く人のニュアンスやバイアス（偏り）で印象操作などもあるので、はなし六割ぐらいで読んで、一〇〇パーセント正しいと信じないようにしてください。

特に差別問題、人権問題などの項目では、当時は「差別をする側」の方が熱心に書き込んで編集していました。最近は、反差別の正しい情報の書き込みも増えてきて、少しはマシになりましたが、当時はむちゃくちゃでした。

「部落差別解消推進法」が出来た二〇一六年当時、部落問題のウィキを開けると、「部落の歴史」とか「同和行政」などいくつかの項目の説明がありました。そんな中でも、かなり説明の文字数が多かったのは「被差別部落と暴力団」、このテーマでした。そこには、「ご承知の通り、山口組の中の七〇パーセントは部落民と言われている」「福岡市内に横行するヤクザ、不良、チンピラ、パチンコ屋、用心棒の多くが部落民」だと記述され、出典・参考文献として三冊ほど紹介されていました。

これは、事実に基づかないデマです。こんなエビデンスも行政の調査もありません。

しかし、これがウィキペディアに参考文献がついて紹介されると、この情報に社会的な信頼が与えられます。

はじめて部落問題を学ぶ人に影響

どこに影響するかというと、はじめて部落問題を学ぶ人の認識に直結していきます。認知バイアスがバーンと入っていきます。子どもたちの調べ学習とか、若い先生方や企業や行政職員など、部落問題をあまり学んでない人が、ちょっと部落問題を知りたいなと思って、まず参考にするのがウィキペディアです。

実際、大阪や福岡の教員養成課程の大学生たちに講演をしたら、かなり多くの学生が「川口さん、私も見たことあります」と言っていました。講演の感想文に「あれはデマだったのですか、きょう初めて知りました」と書いてありました。何を今まで勉強してきたのかと、がくっときました。

り中の第3類型の部落民について「ご承知のとおり山口組のなかの70%は部落民だといわれているけれど

り手下や用心棒のなかには部落民がいっぱいいるわけですよ」と語っている[88]。

福岡市内に横行するやくざ、不良、チンピラあるいはパチンコ屋の用心棒の多くが、部落民であることを

彼とても好んで、やくざや用心棒になったのではない。根本的な原因は、部落民であるということだ

ネットを使った「調べ学習」も注意が必要

学校現場での子どもたちの調べ学習などでも、ウィキペディアで基礎知識を得ようとする人も多いです。事前に先生がチェックをしておかないと、子どもたちが部落問題について正しい知識がなければ、そのフェイクをそのまま信じ込んでしまう危険性があります。

だから、調べ学習などでネットを使うなら、先生や講師がお勧めのサイトを紹介してあげた方がいいと思います。「まずは、このA、B、Cのサイト、この三つのサイトで調べてごらん」「この三つのサイトは、先生が確認して信頼できるサイトだから、まずはこの三つのサイトで調べてごらん」など、安心・安全に学べるサイトを紹介してあげた方がいいです。そういう意味では、差別問題や人権学習でネットを使って調べさせるなら、事前にある程度、キーワード検索などして、チェックしといた方がいいと思います。また、人権教育・啓発や人権啓発などの取り組みでも、もっとネット上でSNSを活用した情報発信を積極的におこなっていく必要があります。

Yahoo!知恵袋のベストアンサーで広がる問題

Yahoo!知恵袋という質問サイトがあります。これも結構、子どもたちが質問しています。この半年・一年ぐらいでYahoo!は、ネット誹謗中傷対策で登録者しかコメントできないように変わり、少しは改善されました。「部落差別解消推進法」ができた当時は、ひどかったです。

二〇一四年に（公財）反差別・人権研究所みえが、Yahoo!知恵袋の同和問題に関する質問七八〇〇件のうち回答数が多かった上位一〇〇〇件を分析した結果です。

まず、「知識を問う質問」が三一パーセントで三分の一くらい。例えば、「今日学校で、職場で、部落差別の学習をしましたが、歴史を教えてほしい」「どんな差別があるのですか」などという質問が三分の一ぐらいです。

次に、「偏見に基づく差別的な質問」が三三パーセントで、同じく三分の一ぐらいありしました。例えば、「部落って怖い人が多いのですか」「部落の人は部落外の人と結婚できないから部落同士の人が結婚して、障害者がたくさん生まれるのですか」と言うような質問です。残り三分の一は、身元調査や結婚差別や、さまざまな相談事です。

ショックだったのが、なんと当時、ベストアンサーの約七割が、「偏見や差別を助長する回答」が選ばれていました。しかも、「反差別の正しい回答」と「偏見や差別意識に基づく回答」を比べると、圧倒的に「偏見や差別意識に基づく回答」の方が多い状況でした。その「偏見・差別的」回答に対して、質問者以外の第三者の多くが「いいね」と評価しています。部落問題について「無知な人」が質問し、その差別的回答であっても第三者の多くが「いいね」と評価していると、質問者は「これが世の中の部落問題のスタンダードな考え方か」となっていきます。

質問自体が偏見にまみれている

【質問事例①】「同和地区、部落の人っていますか、統合失調症や躁鬱病の人が多いのですか」という質問もありました。

もう、これ、質問自体が、偏見が入っています。偏見を確かめるための質問と思ってください。そのベストアンサーは、「近親相姦、身体障害者、精神疾患者もいるけど、解放同盟が都合の悪い資料を阻止しているから、調べようがない。例の『四つ』とか『三つ』は、近親相姦で指が四つ、口が三つ。その隠語になっていった。そこから察してくれ」という内容で、何千人、何万人の人たちの参考情報になっていきます。

【質問事例②】「同和地区って風紀が悪いのですか？今度、用があっていくのですが」の質問のベストアンサーは「近づかないほうがいいでしょう。特に車の運転は注意してください。何があるか分かりませんよ」です。質問者は、「そうですか、分かりました」と受けとめます。なぜ、この質問者は「疑問に思うこともなく」「疑うこともなく」、この言葉がすっと入り、すっと信じるのでしょうか。私は二つの理由があると思っています。

認知・確証バイアス

一つは「認知・確証バイアス」です。この人は、この質問をする段階で「きっと部落ってやばい所だろうな」という部落に対するマイナスイメージ、偏見・バイアスを持っています。しかし、自分には自信がないから質問するわけです。そして自分にとって「心地いい」「都合のいい回答」がいっぱい書かれていています。「部落は怖い」とみんなも言っている。みんなも「いいね」って評価している、と自分のなかにある偏見（バイアス）を強化していくわけです。なかには、「それは偏見やで。おかしいぞ」と指摘する反差別の正しい回答もあります。しかし、そのコメントは、自分にとって「心地よくない」「都合よくない」情報だからスルーします。そして、自分にとって「心地よい」「都合のいい」「見たい情報」だけを見て「ほら、やっぱりそうだ」「みんなも、自分と同じ考えをしている」と自分の考えを

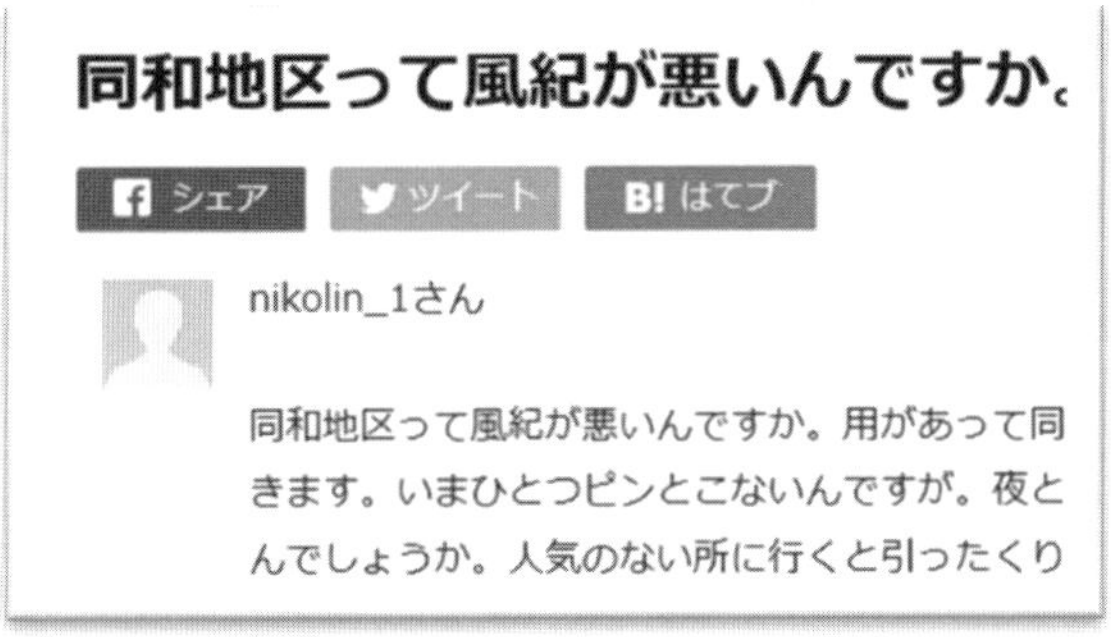
同和地区って風紀が悪いんですか。
シェア
ツイート
B! はてブ
nikolin_1さん
同和地区って風紀が悪いんですか。用があって同
きます。いまひとつピンとこないんですが。夜と
んでしょうか。人気のない所に行くと引ったくり

強化していきます。だから「おかしい」という反差別の回答があっても、それは認めないのです。自分に都合のいい情報だけを信じ、受け入れる。これが、「認知・確証バイアス」です。

もう一つは、この質問者は、学校での同和教育をあまり受けてない人だと思います。実際に部落にも行ったことがない。当事者の人の苦しみや悲しみ、こんな話も聞いたことない人だと思います。こういう人にとって「部落出身者」は五文字、「同和地区」は四文字の記号です。現実の問題としてイマジネーションできない。だから偏見・バイアスが入った回答が、スーッと入っていくと思います。

学校の部落問題学習の低下

二〇〇二年に同和対策事業にかかわる特別措置法が失効し、二〇年が過ぎました。この二〇年間、全国的に「同和教育から人権教育へ」という形で、人権教育のウイングが広がりました。しかし、肝心要の「部（部落）抜き」「差（差別）抜き」の人権学習が展開され、学校での部落問題学習がどんどん後退しています。小学校や中学校での部落問題学習経験は、各地の人権意識調査の結果を見ても、若い世代になるほど、どんどん減っています。

今の二〇代、三〇代前半は、四〇～五〇代に比べて、部落問題学習の学習経験や認識が全然、違っています。若い世代ほど、「学習してない」「部落の人に出会ったことがない」「当事者の話を聞いたことがない」など、部落問題の学習経験が低下しています。同和地区のある学校は、特措法後もある程度は、部落問題学習をやっていますす。しかし、同和地区のない学校に行くと、部落問題学習ができておらず、学びが全然、違います。

こういう状況の中で、「同和地区に行ったこともない」とか、「出会ったこともない」とか、部落問題について無知や無理解・無関心な人が、このような偏見・差別を助長する回答を見ても疑問に思うことなく、すっと受け入れていくわけですよ。

YouTube 動画による部落の特定と拡散

これは、二〇〇五年ぐらい、ネット初期の頃の差別サイトです。この頃は、まだホームページが主流の時代です。ネットに詳しい人は個人でもホームページが作れるようになった時代です。当時から、実際に部落に行って、わざと差別を助長するようなタイトル付けたホームページもありました。

しかし、もうこの五年、一〇年は、動画の時代です。今、子どもたちや若者は、文字がいっぱいのブログやサイトではなく、基本的に動画を見ます。

このスクショはYouTubeが日本で広まってきた初期の二〇一六年頃のころです。

当時、「部落」と動画をキーワード検索すると、アクセス数が高い動画の検索上位には、「部落の現在千葉」や「東京の部落」「京都の部落」「四国の部落」のような動画がたくさんありました

部落に行ったことがない、部落問題も全然勉強したことないような若者が、なにかのきっかけで部落問題に関心を持って「同和、部落とかの動画がある。ちょっと見てみよう」と思い、ポチッと動画をクリックしたら、こんな感じの動画が次々に出てきます。

(実際の動画視聴一分程)

大体、五分から一〇分の短い部落を撮った動画です。一つ見終わると、同じような動画が、「あなたにおすすめ」と延々続きます。中には、稲川淳二さんの怪談話のようなナレーション入りもあります。「福岡県〇〇市のこの地域に行くと…」というような語り、三〇秒聞いたら吐きそうになります。このようなものを、シリーズ化してたくさん作っています。作っているのは、ごく一部の確信犯です。で

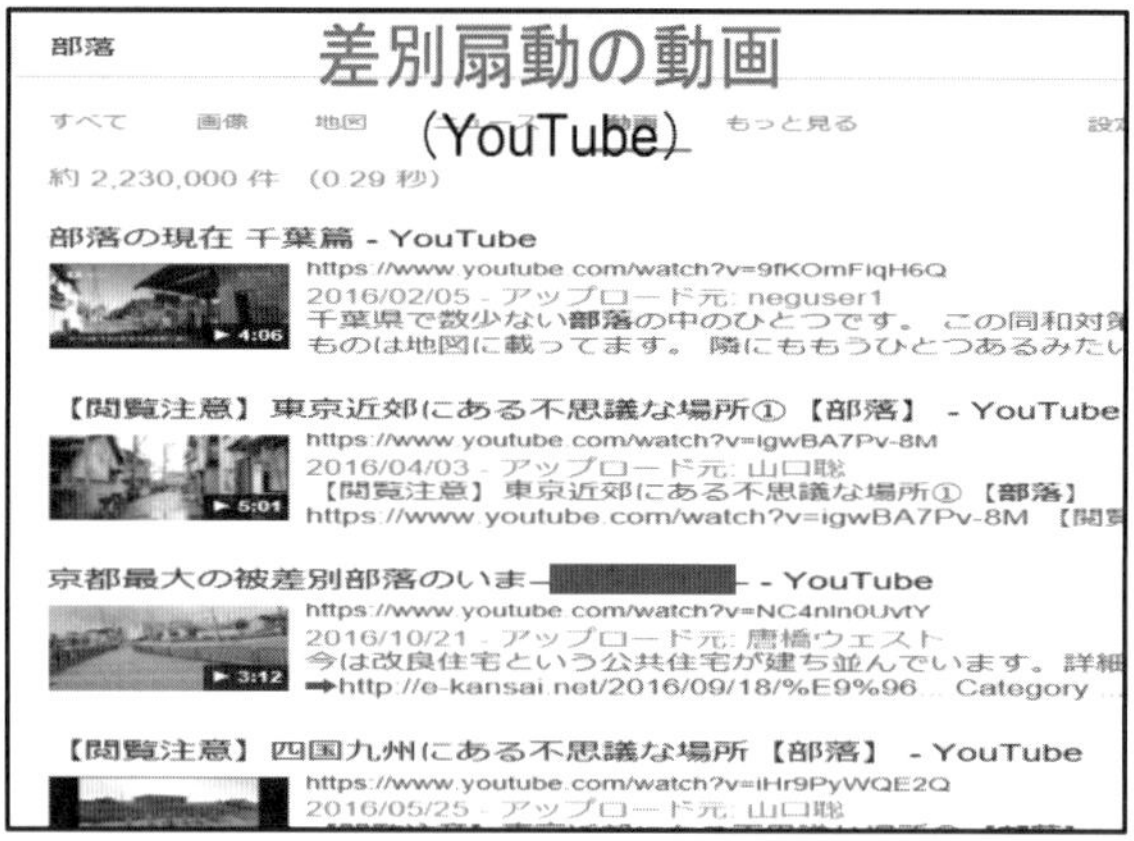

差別扇動の動画（YouTube）

も、こういった過激な動画チャンネルほどアクセス数が伸びます。
そして、賛否含めて炎上する。「炎上上等」なのです。みんなが見てくれたら、それだけ広告収入が入ってお金になります。だからシリーズ化し同じような動画を作成し、よりエスカレートして作っていくのです。

部落に行ったことがない、部落問題もあまり勉強したことのない子たちが、何かのきっかけで、興味本位で「何なん同和地区、部落って？」とポチッと押して、このような映像を見ます。どんな印象を持つでしょう？「なに、同和地区って、超やばい」「学校で勉強した歴史とかと全然違う」という強烈なマイナスイメージの印象を覚えます。そこで、無関心だった人が、さらに、部落問題に関心をもって、ネットで「同和」「部落」で検索してみると、「暴力団と部落」「部落解放同盟＝暴力集団」『同和利権』などとデマやネガティブな情報などを学習しバイアスを持ちます。コメント欄を見て、「みんなも言っているから、やっぱりそうなんだ」と「認知・確証バイアス」が働いていています。

そして、次は、ヤフー知恵袋や掲示板に質問してみます。「部落ってやばい地域なのですか？」と聞くと、みんなが「そうだ」という回答が続きます。次は自分の住んでいる近くにも部落があるのか気になります。そして「部落、福岡」とかで検索してみると部落の地名リストや部落を撮影したブログやYouTubeを見ます。そして、「あの地域がそうなのか、あの子がそうだったのか、恋人が・自分がそうだったのか」と、このようなことが、今もこの瞬間、現実に起きています。

僕は、びっくりしました。今の子どもたちは、テレビはあまり見ずに、YouTubeを見ることが多いと思います。ところが、まさかあの便利で楽しいYouTubeが、こんな差別意識を扇動する装置になっているとは思ってもいませんでした。これは、やばい。本気で取り組まないと、私たちの一〇〇年の取り組みが、一瞬にして壊されていきます。本当に危機意識を持つ必要があります。

部落問題に無知な人たちだと一発で偏見や差別情報を鵜呑みにしていく危険性があります。だから、あらためてこの人権教育、部落題学習を、しっかり学校でやってほしいと思っています。

デマと知るまでは「真実」「事実」

インターネットやSNSが普及した今、日本中、世界中のさまざまな情報や映像が、私たちのもとに届きます。ここで気をつけないといけないのは、「デマというのは、その本人にとってはデマと知るまでは、その情報は真実であり事実」なんです。ここが怖いんですよ。

特に、このデマやフェイクニュースが拡散しやすいのは、地震や台風などの災害時や、今回の新型コロナウイルスのような感染症など、人々の命や利害に直結する時や、人々の不安値が高い時に、デマが拡散し易いと言われています。

新型コロナ感染症の初期、二〇二〇年三月頃を思い出してください。「中国でロックダウンが始まった」「トイレットペーパーがなくなる」と買い占め騒動が起こりました。各地のスーパーやドラッグストアからトイレットペーパーが品薄になりました。お店の人は「ちゃんとあります」と言うのに、みんなが買い占めようとして、店頭からなくなりました。今となっては笑い話ですが、こんなことがいっぱいありました。

気をつけてください、デマというのは、各自がデマと知るまで、その情報は真実であり事実です。これが怖いところです。

熊本地震でのフェイクニュース

二〇一六年四月の熊本地震の時に流れた有名なフェイクニュースを知っていますか。熊本市内の動物園からライオンが脱走したと、街中を歩くライオンの写真がSNS上で拡散しました。その動物園には「どうなっているんだ!」「まだ捕まらないのか」と、電話がバンバン殺到し、電話がパンク状態になり、復旧業務などにも大きな支障が出ました。

熊本市の動植物園が警察に被害届を出し、後日、デマを投稿した犯人が逮捕されました。その犯人が逮捕された報道を見て、初めて人々は、「え?あれ、デマだったの」と気づきました。そのことを知らない人たちたちは、未だにデマである事実を知らないままです。

フォロー
おいふざけんな、地震のせいで
うちの近くの動物園からライオン放たれたんだ
が
熊本
Twitter/Nanakosi1222

犯人が逮捕された時、「悪ふざけでやった。まさか、こんなに広がるとは思わなかった」と警察の取り調べで供述していました。本人は悪ふざけの軽いノリで投稿していたんです。フォロワーも少なく、普段の投稿ではこんなに多くシェア（転送）されたりすることがないので、仲間内への軽い悪ふざけの感覚で投稿していました。

しかし、あの大地震の災害時、人々の不安値が高い状況なので、その投稿を見た多くの人たちが信じて、「熊本市内の人たち、ライオンが脱走した！　気をつけて」と一気にネット上でデマが拡散していったのです。

デマを信じて拡散した人も加害者

僕の周りでもこのデマの情報を信じて、自身のＳＮＳで拡散し、話題にしている人がいました。犯人が逮捕された報道を見て、あの投稿はデマと知った時、「川口さん、僕あの熊本のライオンの脱走の話、デマだった。私も騙されていた」と笑いながら、僕に言ってきました。僕は、「ちょっと、待て、待て。笑っている場合じゃないよ。あのデマを拡散した人は全員、加害者だよ」「あなたのリツイート（転送）した情報によって、人が死んでいるかもしれないよ」と言いました。

あの熊本地震は最初の四月一四日に震度七の前震があり、その二日後の一六日の本震で家屋が倒壊するなどの深刻な被害が生じました。このライオン脱走の投稿は、最初の余震の段階で流れたのです。「動物園からライオンが脱走した」と写真入りで投稿され、拡散しました。あの時に、熊本市内の被災者が「避難所に行こうか、どうしようか」と悩んでいる人が、その投稿を見て「市内にライオンが脱走している。危ない。ちょっと自宅で待機しとこう」と判断し、自宅待機していた人がいたとします。その二日後、本震でバーンと家屋が倒壊して、その方の命が奪われるなどの被害が出ていたかもしれません。あなたのリツイートした投稿で、そのような被害が生じているかもしれません。「知らなかった」では、済まされません。

誰しもがこのように情報化社会のなかで加害者になってしまう危険性があります。デマを事実だと思い、信じている人たちが、無自覚にデマ情報拡散の加害者になっているということが起きています。

フェイク情報に加担しないために

では、フェイク情報に騙されないようにするためには、どうしたらいいのか。この間、フェイクニュースに関するさまざまな研究が行われています。いくつかポイントを確認しておきたいと思います。

「早く、みんなに教えてあげよう」「これはひどい。許せない」など、センセーショナルな話題ほど、「それってほんと?」と**一旦態度を保留**して、「その情報源は?」と、**一次情報を確認**してください。その情報源が信頼できるサイトや情報かどうか、他のマスメディアなど大手のテレビや新聞なども報じているのかなど、複数の信頼できるメディアでも報じられているのか確認してください。もし、その情報がフェイクだった場合には、拡散した自分も加害者になりますから。

私たちは、「どうでもいい情報」って、わざわざ人には伝えないものです。でも話題性ある情報って、誰かに伝えたくなるものです。だから、話題性のあるセンセーショナルな情報、感情的になる話題ほど、**「ちょっと、一旦態度を保留」「情報源を確認」**して、その情報が信頼できるものであれば、第三者へ伝えるというスタンスをとることが大事です。

「ネガティブ情報」ほど、気をつけろ！

特に、情報には二種類あります。「ポジティブな情報」と「ネガティブな情報」があります。「あの人、裏でこんなことしているらしいよ」とかの噂話など、「ネガティブな情報」ほど、一旦態度を保留し、一次情報を確認してください。不確定な一次情報を無自覚に拡散してしまうと、自分もそのデマやフェイクの加害者になります。それが、当事者に対するマイナスの情報であれば、後でネットによる誹謗中傷の問題として訴えられます。

今、裁判の判例でも、ある人の投稿に、自分の評価もコメントも何も加えずに、不特定多数の人が見ることができるSNS上に転送した時点で、「その人の表現行為」と見なされ、名誉棄損など損害賠償が命じられる判決が出ています。「私は、デマだと知らなかっただけだ」と言っても通用しません。「リツイートしただけ、みんなの情報をまとめただけ」は、通用しません。裁判では全部負けています。この点は、しっかり知っておいてほしいと思います。

ニュースコメント欄が差別扇動装置に

最近では、インターネットテレビがはやっていて、AbemaTVという有名なネットテレビは、テレビ朝日が出資して運営しており、さまざまな番組が放送されています。そのAbemaTVで、『Wの悲喜劇』というSHELLYさんがMCの番組があります。いろいろな社会問題を女性だけの出演者でカジュアルにわいわいとガールズトークする面白い番組です。

二〇一八年一二月にこの番組で「部落問題」をテーマに取り上げてくれました。テレビでは、まだまだ部落問題がタブーのなか、取り上げてくれたのは、画期的でした。部落の若者たちなども実名で出演しました。部落差別の現実や人権教育への思いなど、いろいろな話をしました。ものすごく盛り上がりました。SHELLYさんが「そん

YAHOO! JAPAN ニュース IDでもっと便利に新規取得
ログイン 送料込み1,000円 目玉商品セール中

キーワードを入力

トップ 速報 写真 映像 雑誌 個人 特集 意識調査

主要 国内 国際 経済 エンタメ スポーツ IT・科学 ライフ 地域

「家系図や写真まで…」ネットの部落差別が消えない理由とは？ YouTubeの“部落探訪”に「悪意がすごい」の声

2018/12/24(月) 9:01配信

AbemaTIMES

今、ネットに広がる悪質な部落差別が問題になっている。情報が一人歩きし、どのような意味を持つか深く知らない人も多い「部落」。

「部落」とは、江戸時代以前の身分制度のもと「穢れている」など、排除されてきた人々が居住している場所（部落）をさす。「部落問題」は、その地域に居住する人々や、そこにルーツを持つ人々に

▲ハフポスト日本版ニュースエディターの田中志乃さん（画像：

２０１８年１２月２４日　Yahoo!ニュースより

な差別、今もあるの、ひどいな」など、とか言いながら、わいわい盛り上がりました。番組終了後、ものすごい反響で、当時、過去五〇回ぐらい放送した中でも、一番再生回数が伸び、視聴率がよかったそうです。

放送終了後も、いろんなブログの記事にも載りました。そのうちの一つ、Abemaブログの記事が、Yahoo!ニュースのトップニュースに載りました。「うわー、これで多くの人が部落差別のこと、勉強してくれる」と、私もすごく嬉しかったです。

Yahoo!ニュースを見たことある人は、分かると思います。トップニュースに二日間載るということはすごい影響がありました。記事に対するコメント数は、二つ合わせたら一万件以上です。これもすごいことです。ヤフーコメントで数千件いったら、すごい反響で、「すごい、めっちゃバズっている」と嬉しく思いました。

部落差別の現実を知ってもらえる機会になったと嬉しく思い、どんなコメントが書

かれているかと思って、楽しみに見てみました。すると、コメントの九割が、「もう部落差別とかないのに、同和利権のために騒ぐやつがおるだけだろうが」「こんなのをメディアが取り上げたりするから、かえって差別が残るのだ」という、偏見や差別的なコメントの嵐でした。

その差別的なコメントを見た、部落問題に無知・無理解・無関心だった人が、「何だ、記事ではいいこと書いているけれど、部落差別は、結局、そういう問題だったのか」と、逆にコメント欄の投稿で偏見や差別意識が扇動されていく状況となっていました。

全国水平社創立一〇〇周年とメディア報道

ヤフコメで偏見や差別意識が扇動されていく状況は続いています。特に二〇二二年は全国水平社創立一〇〇周年で、新聞や雑誌などでも部落問題についての特集企画が多く組まれ、それらの記事がネットニュースにも掲載されました。しかし、その部落問題の記事のコメント欄は、偏見や差別的コメントであふれ、差別が扇動されている状況が続きました。

実は二〇二二年六月、僕もAbemaTVの「ABEMAprime」という番組に出演しました。これ、YouTubeで見られますから、ぜひ見てください。生放送で四〇分、「部落差別」「結婚差別」をメインテーマにやりました。三重の被差別部落出身の方と、僕もゲスト出演しました。

　ロンドンブーツ一号二号の田村淳さんをはじめゲストもたくさん出ていますから緊張しました。最初は「寝た子を起こすな」論を言う出演者もいました。でも、最後は、変わっていきました。淳さんが、「やっぱり部落差別をなくすためにも、メディアが取り上げないといけない」「もう一回やろう」と言って、すごく盛り上がりました。

　この番組中、僕たちは生放送でわいわい議論して盛り上がっていました。同時に視聴者のネット画面下にはコメント欄があり、視聴者からのコメントが、リアルタイムに投稿がされていました。

　放送が終わった後、私の娘からLINEが来ました。「パパ、すごく緊張してけど頑張っていたね。よかったよ」と書かれていました。続いて、「でも、コメント欄、差別的ですごくきつかった。途中から見ないようにした。パパも後で見るんだったら、コメント欄、見んほうがいいよ」と、コメント欄にあふれる差別的な投稿に娘も傷ついていました。

　このように、部落問題について記事や番組で取り上げても、そのコメント欄で差別投稿が可視化され偏見や差別意識が助長される状況があります。そして無知な人たちがそういった情報に飲み込まれていってしまう。こういう状況が続いています。

第四章　現代的レイシズムを考える

現代的レイシズムとは

この間、ネット上の差別投稿をモニタリングし、その内容を分析してきました。そこで明らかになってきたのが、現代の差別をする人たちの主義・主張のパターン、特徴というのが分かってきました。現代の差別問題などを考える際には、ぜひ、押さえて欲しいポイント、それが「現代的レイシズム」です。

「レイシズム」というのは人種主義（人種差別）という意味であり、公然と人種差別を行うよう人をレイシスト（人種差別主義者）と言います。現代の人種差別では「古典的レイシズム」と「現代的レイシズム」（ニューレイシズム）という特徴が指摘されています。

「古典的レイシズム」とは黒人に対する分離政策や「黒人は生物学的に劣っている」などの露骨な偏見や差別のことを言います。アメリカにおいては一九五〇年代から六〇年代にかけて公民権運動、人種差別撤廃運動が盛り上がり、黒人の進学や就職などにおける積極的な格差是正の取り組み（アファーマティブアクション）や人権教育、人権施策が進んでいきます。そうすると差別を是とする人たちは、公然と差別ができなくなり、差別する人たちの言説が変わってきました。

「人種差別はすでに存在しない。黒人が貧しいのは、単に努力不足。にもかかわらず、黒人はありもしない差別に抗議し、不当な特権を得ている」などと主張し、「自分たちは批判しているだけ、これは差別ではない」とさまざまな差別を正当化し、差別扇動を展開する主張です。これを「現代的レイシズム」（新しい差別主義）と言います。

この「現代的レイシズム」の主張は人種差別だけでなく、現在の日本における部落差別や障がい者差別、女性差別、在日韓国・朝鮮人、アイヌや沖縄の人、性的マイノリティ、ハンセン病回復者や家族、水俣病患者などのマイノリティに対する差別問題に対しても同じことが言えます。ネット上の差別投稿やマイノリティ運動へのバッシングなどに対しても同様のことが言えます。

日本においても、戦後の部落解放運動の高まりのなかで、一九六〇年代以降、「同和対策審議会答申」「同和対策事業特別措置法」の制定など、同和行政や同和教育の取り組みがスタートし、部落の劣悪な住環境の整備や教育や福祉などの積極的な格差是正の取り組みが展開され、学校や地域、職場などで同和教育が進められてきました。その結果、公然と部落の人を差別したりすることは減ってきました。また、障がい者差別や女性差別、在日韓国・朝鮮人差別などさまざまなマイノリティに対する差別撤廃の取り組みも展開されてきました。そんな中で、日本においても女性や障がい者、部落出身者などを公然と差別・排除することができなくなり、「現代的差別」が台頭しはじめてきました。

差別の「無効化」、被害の「矮小化」

マイノリティ・被差別当事者が「自分たちはこんな差別を受けている」「自分の地域にはこんな差別の現実、問題がある」と声を上げます。そうすると、差別をする側である多数派のマジョリティは、もう日本にはそんな差別はない」「たいしたことはない」と、差別をないことにしようとします。これが現代的レイシズムの特徴です。

差別の現実、その被害を「たいしたことない」と矮小化していきます。もう日本には部落差別・人種差別・障がい者差別・アイヌ差別、性的マイノリティへの差別問題はない。あったとしても、「たいしたことではない」と差別の現実を無効化しています。

被差別マイノリティが、こんな差別の現実が「ある」と必死に声を上げても、多数派・権力を持つマジョリティの側が、「ない」「たいしたことない」と差別の現実を矮小化・否認していきます。

「利権」「特権」のために騒いでいるだけ

そして、差別の現実を訴え、その改善を求めて声を上げている被差別当事者に対して、「あいつらが差別、差別と騒ぐのは、差別を利用して特権や利権を得ようとするため。自分たちがいい思いをするために、騒いでいるだけ」「あいつらは、差別がなくなったら困る。だから、小さなことでも、差別だと騒ぐのだ」という主張します。

この「利権」「特権」などと主張する人の中には、いわゆるアファーマティブアクションという、マイノリティに対する積極的な格差是正のさまざまな施策や福祉施策を「逆差別だ」「優遇」だと批判する人たちがいます。障がい者、アイヌ、ハンセン病回復者などに対するさまざまな施策や取り組みは「特権」でも「利権」でもありません。そのマイノリティ集団に対する格差や貧困などの実態的な差別の現実があり、格差是正や権利保障のためのさまざまな施策が講じられます。

同和対策事業と「逆差別」論を考える

同和問題でいうと、一九六九年の「同和対策事業特別措置法」施行以来、国と地方自治体は三三年間にわたり、同和地区と一般地区との格差是正を進めたのが、同和対策事業でした。長年にわたる部落差別の結果、その地区の住環境・進路・仕事や教育などさまざまな分野において格差がありました。社会学者や専門家などが実態調査をおこない、その結果、同和地区と一般地区とに大きな格差があることが確認されています。

それらは個人的な自己責任の問題でなく、社会問題としての同和問題であり、この格差を埋めるために一般施策では、追い付かないから「特別対策」という手法で、同和対策事業の予算確保をおこない、地方自治体と協力して各種事業を実施してきました。本来、日本国憲法によって保障されるべき最低限の権利、生活権やさまざまな市民的権利が、部落差別によって部落の人たちには保障されていませんでした。行政もその取り組みを放置してきており、その権利保障をするための特別な施策であり、「えこひいき」でも「逆差別」や「優遇」でもありません。この同和対策事業のようなマイノリティに対する積極的な格差是正施策（アファーマティブアクション）についての基本的な考え方が、まだまだ理解されていません。

現在、ネット上の差別投稿では、三三年間の特別措置法による同和対策事業の全てが「逆差別・えこひいき論」のように印象操作されています。一部の不祥事を全体であるかのように「不当な一般化」をおこない、同和対策事業イコール「同和利権」にすり替えられています。この点については行政が、しっかりとそれらの主張に対して反論し、そのおかしさを指摘しないといけないことです。

この同和対策事業の取り組みの成果が、今、日本中の貧困対策に反映されています。ワンストップの相談・子ども食堂の取り組み・学習支援などは、同和地区にある全国の隣保館や教育集会所でやってきました。行政は、この格差是正の取り組みを現在は人権行政として地域福祉や生活困窮者支援など社会的弱者に対する施策として全面展開していること、何もやましいことはしてないと言ってほしいのです。今、あらゆるものが自己責任論になっていますが、それは違う。差別の問題は、社会問題・権力構造に起因するものとして捉えて議論していくことが重要です。

「不当な一般化」「過度の一般化」（偏見・ステレオタイプ）

次に「不当な一般化」「過度の一般化」について見ていきます。マイノリティ集団の中にも、一部には犯罪や問題を起こす人がいます。それは警察や教員など、どの組織や集団も同じです。しかし、マイノリティが何か問題を起こすと、「ほら、やっぱり部落の人間は…」「ほら、やっぱり」黒人は…、中国人は…、女性は…、障がい者は…、同性愛者は…、ひとり親家庭の子は…、というふうに、不当に一般化して、自らの偏見を強化（確証バイアス）していきます。そして、差別の原因を被差別者側に求めて、差別を正当化していく根拠としていきます。

「非対称性」と「トーンポリシング」（論点ずらし）

次に、差別をする側のロジックである「トーンポリシング」（論点ずらし）について見ていきます。トーン（話し方）を、ポリシング（取り締まる）と書くように、社会的課題に声をあげた相手に対し、その内容でなく、声のあげ方や抗議の仕方を批判し「論点をずらし、議論を拒否」していきます。

差別を受けるマイノリティ（社会的少数者・社会的弱者）は、マジョリティ（多数派・社会的強者）とは社会的にも対等な力関係でない「非対称」の関係性にあります。

圧倒的な力関係の差、非対称な関係性のなかでマイノリティは日常的に足を踏まれ、傷つけられ、我慢して我慢して生きています。もうこれ以上いったら、「自分の命が危ない」「子どもや孫、自分と同じ立場の人にも、もう、こんな思いをさせたくない」というときに、初めて「自分はこんな差別を受けてきた。なんとかしてくれ、改善してくれ」と勇気を出して声をあげます。

しかし、差別した本人や学校、行政や企業などは話し合いにも応じてくれません。だから，当事者たちは座り込みをしたり、デモ行進や集会などをしたりして、問題を取り上げてもらうために大きな声をあげ、行動しなければいけません。そして、その声が大きくなり、社会的に注目され始めて、はじめて差別した相手や加害者側や組織・団体と話し合う場を持つことができます。

そして、いざ話し合いのテーブルについても、相手は「あれは差別じゃない」「自分はそんなことしてない」「お前たちにも落ち度がある」などと開き直り、真摯にその話し合いにも応じてくれません。差別をしておきながら居直り、不誠実な対応を繰り返す相手に対して、参加者から「差別でうちの子どもが死んでいるんや」「ちゃんと誠実に対応して欲しい」と感情的になり、大きい声が出ることもあります。

するど、相手はこういうのです。「もうちょっと、冷静に議論できないかね。差別がいけないのはわかっているけど、あんな言い方はダメだよね」と言って、自分たちの加害性やマジョリティの差別性が問われているにもかかわらず、それを横に置いといて相手の声のあげ方や抗議の仕方に難癖をつけ批判し、論点をずらしていくんです。

これは、ハラスメントの問題にもよく使われます。ハラスメント被害者の訴えを聞くのではなく、抗議の仕方や態度を指摘し論点をずらし「だからあの人たちは嫌われる、自己責任だ」というこれが「トーンポリシング」です。

これは「差別でなく批判だ」

そして、差別する人たちはマイノリティに対する「不当な一般化」や「トーンポリシング」などを持ち出し、自らの差別を正当化していきます。「ああいう悪いことする人がいるから」「あんな言い方や抗議行動をするから」、だから、あの人たちは嫌われるのだ（自己責任）。私たちはあの人たちのダメなところを批判しているだけだ。こうして差別する側は、「これは差別じゃなくて、正当な批判だ」だと言って自らの差別を正当化していきます。現在のＳＮＳやコメント欄掲示板などでのヘイトスピーチやマイノリティ・バッシングなどでも、大体がこのパターンの投稿です。

これが現代の差別をする人たちのロジックであり、ネット上の差別問題を考えていく上でもぜひ、この点を押さえた人権教育や人権啓発、教材開発が必要です。

新型コロナウイルス感染症の差別やネット炎上

今回のコロナ差別やネット炎上、誹謗中傷問題でも、差別を正当化する同じロジックが展開されていました。二〇二〇年四月、日本でも新型コロナウイルスの感染者が増え、志村けんさんが亡くなり日本中に衝撃が走り、初めての緊急事態宣言が出された頃、ある事件が起きました。

東京在住の女性が、ゴールデンウイークのとき、山梨県の実家に長距離バスで帰省しました。帰省先でＰＣＲ検査を受けたら陽性反応が出ましたが、本人は無症状だったので、そのまま高速バスに乗って東京に帰りました。後からそのことが分かって、「陽性と分かっていたのに山梨の実家から首都圏まで、高速バスに乗って帰った、同乗者を殺す気か、このコロナ女」と批判が殺到し、「本人を突き止めよう」と、本人探しが始まり、この女性の個人情報がさらされ、さまざまなフェイクニュースも流されました。その女性が勤めていると間違えられた飲食店に対しても、誹謗中傷が相次ぎ、お客さんも来なくなる被害が出て、「そんな従業員はいません。事実ではありません」とお店が公表する事態にまで発展しました。

あの時期、当時まだコロナの感染者が少なかったときは、感染した人に対してのさまざまな行動歴から、県外に行ったり、自粛してない行動をしたりして感染でもしたら、ものすごくたたかれました。濃厚接触者までが罪人のように断罪され、感染者に対するネット誹謗中傷、個人情報晒しなども深刻な状況があり、みんな、すごく、ぴりぴりしていました。

木村花さんへの誹謗中傷・自死

そういう時にプロレスラーの木村花さんが亡くなったんですよ。テラスハウスという番組でネット炎上し、花さんに対する誹謗中傷が続き、花さんも精神的にもどんどん追い詰められて自死しました。この木村花さんの自死は日本中に衝撃を与えました。ついに、ネット中傷で人が死んでしまった。「あれは、明日の自分かもしれない」と、日本中の人たちが震え上がったのです。

そして、花さんの死をきっかけに、ようやく政府もネット人権侵害、ネット上の誹謗中傷の問題に本腰を入れ対策に取り組み始めました。

総務省が「プラットホームサービスに関する研究会」を立ち上げて、ヤフーや楽天など国内のネット企業や専門家を集めて、ネット誹謗中傷の対策などに関する研究会をスタートしました。数十回に及ぶ研究会を開催し、ネット炎上や誹謗中傷などについての分析や今後の対策について検討を重ねていきました。一体どういう人があのネット炎上に参加しているのか、誹謗中傷を書き込んでいるのか、ヘイトスピーチや暴走する「自粛警察」をする人はどういう人たちなのかを分析すると、ある特徴が分かってきました。

義憤・正義・善意の怖さ

ネット上に誹謗中傷を書き込んでいる人の多くが「こいつ許せない」と「**義憤**」に燃え、自身の「**正義感**」にもとづき「**善意**」で行動しているという特徴があることが分かってきました。「コロナの自粛期間中に開けている飲食店がある。許せない」という義憤に燃え、「みんなのために」と正義感を持ち、自粛警察のように善意で行動しています。その結果、自分たちの言動が暴力的に相手を傷つける誹謗中傷や人権侵害にエスカレートしても気づきにくく、加害意識が欠落しているんです。

誹謗中傷を書き込んでいる人の多くが、自身の投稿を「誹謗中傷」と思っていないんですよ。「これは正当な批判であり、誹謗中傷ではない」と思っているのです。その時に「自己責任論」「差別の正当化」のロジックが展開されているのです。「コロナの自粛期間中に県外に行って感染して…、飲みに行って感染して…、あんな行動しているからだ」「ネット上で叩かれても仕方がない、個人情報が晒されても仕方がない、自己責任」と言って周りも止めず、その攻撃を容認していくのです。それが批判でなく誹謗中傷による侮辱や名誉棄損、人権侵害にエスカレートしていき、遂に人の命が奪われていくのです。

そう、「私刑」が執行されていくんです。「いけないことをしたこいつに、わしが罰を与えてやる」と、個人の感情により「刑」を執行していくんです。刑罰を与えていくんです。「ネット私刑」と書いて「ネットリンチ」と呼びます。「批判」という名のもとに、匿名で多くの人が一斉に攻撃していき、そして人の命が奪われていくんです。これが、ネット時代における差別の仕組みなのです。

差別の芽、暴力の芽、容認の芽

この「差別の芽」「暴力の芽」「容認の芽」は、自分自身の中にないでしょうか。「あの人たちは、あんなことをしているからだ。少々、叩かれても仕方がない」「あの子はあんなことをしているから、少々嫌われても仕方がない」とかという気持ちはないでしょうか。

差別は自分とは違う悪い人がするのではないのです。この「差別の芽」「暴力の芽」

「容認の芽」は，私たち自身の中にあります。僕自身の中にもあります。

どんな理由があっても差別を正当化できない

この「差別の正当化」を考えるときに、ぜひ押さえてほしいポイントがあります。それは、どんな理由があっても差別やいじめ、暴力や人権侵害を受けてもいい人は一人もいません。どんなにその人の行動に問題があったとしても、どんなキャラの人であっても、どんなに自分が仕事などで何かのミスや失敗があったとしても、そのことを理由に差別や人権侵害、いじめてもいいという理由にはなりません。それは議論するステージが違います。これが基本的人権なのです。ここを、しっかりと切り離して考えてほしいんです。

少しでも、一％でも差別やいじめを受けている人に対して「この人は、こんなことをするからだ」と思った瞬間から、差別は「する側」が、「される側」に全部、理由、原因を持っていきます。いじめの問題でも、いじめている子は、いじめと思っていませんから。「先生、この子があんなことするから、こんなことするから」と被害者の方に原因があるように自己を正当化します。

その時に「ちょっと待って」という必要があります。その子がすぐ嘘ついたり、悪口言ったり問題がある行為をしているのであれば、それは、この子自身で直さないといけない課題であり、友人として、ちゃんと指摘してあげたらいいです。それはその子が、直すべき性格の問題、課題ではある。でも、だからと言って、そのことを理由に無視したり、いじめてもいいということにはなりません。その子の改善すべきいろんな課題は、いじめや差別や暴力等の方法を使わずに対応するべきであり、議論するステージが違います。ここをしっかりと切り離して考えてください。

ちょっとでも、「この子にも落ち度がある」と思った瞬間から、いじめられている側にも問題があると差別を正当化し、被害者も「自分にも落ち度があったからだ」と思い込まされます。

人権の視点からみたメディアリテラシー教育の必要性

無法地帯化しているネット上で差別が扇動され、深刻な差別や人権侵害が起きている現状を見てきました。「フィルターバブル」や「認知バイアス」、デマやフェイク情報による印象操作、「差別の正当化」「現代的レイシズム」など、これらがつながり、偏見や差別が強化されています。

このようなＳＮＳの特徴や問題点をあらためて知っておくことが大事です。そのような特徴や危険性を自覚して機器を使うのと、自覚しないで機器を使う・機器に使われるとは、全く意味が違います。単なるメディアリテラシー教育ではなく人権の視点からみたメディアリテラシー教育の必要性がより高まっています。

同時に部落問題学習や研修が求められています。「寝た子はネットで起こされる」時代になっています。デマを見抜くためには、具体的にその差別問題についての基礎知識が必要にもなってきます。共通する人権メディアリテラシー教育と、個別人権学習における知識がセットで必要であり、そのような人権教育や研修の教材開発も積極的におこなっていくことが求められています。

第五章 『全国部落調査』復刻版出版事件

鳥取ループ・示現舎による「晒《さら》し差別」

ネットと部落差別においてもう一つの課題は「晒し差別」です。今、部落の人たちが、ネット上で暴き晒されています。これを中心に行っているのが、鳥取ループといいます。もともとブログの名前でした、その後、Twitter のアカウント名になっています。鳥取県出身の宮部龍彦氏、四〇代、僕と一緒の年です。彼は名前も住所も公表して活動しています。彼は、高校を卒業するまで、鳥取市内の部落のすぐ近所で育ち、部落の同級生もたくさんいます。小中高で全盛期の頃の同和教育を鳥取で受けています。彼は、部落解放運動や同和教育、同和行政とかにいろんな不満を持っていました。大学を卒業して、ＩＴのプログラマーになります。ネット関係には、ものすごい専門性をもっています。

その彼が「同和行政のタブーをおちょくる」として、同和行政や部落解放運動に対する嘲笑的な差別行為を繰り返します。市役所に市民が、どこが部落か教えてって電話したら、差別事件となり、大騒ぎしているということを取り上げ、「もう部落差別なんかない。どこが部落かオープンにしても、そんな部落差別は起きない、自分もやってみよう」と、市役所に「どこが部落か教えてください。」と堂々と電話すると「お答えできません」と言われます。そしたら「その市の同和地区を教えろ」と情報開示請求をします。行政はもちろん非開示にします。彼は「納得できない」と裁判を起こします。

その間、さまざまな部落史や解放運動の書籍から、部落を特定して「こんなふうに書いているじゃないか」と、地名をネットにアップしていきます。確信犯です。

最初は、鳥取県内、そして大阪府内、滋賀県内など各地の部落の地名一覧などを作成してネット上で晒していきます。その間、何度も法務局や行政から「人権侵犯だからやめなさい」と説示されても、無視してずっとやり続けています。やがては全国の部落を晒し始めました。ネット版の『部落地名総鑑』までが作られてばらまかれてしまっているという状況です。

一九七五年の『部落地名総鑑』事件

まず、『部落地名総鑑』事件について、少し復習をします。日本の部落解放運動史上、三大事件に入る一つです。

一九七五（昭和五〇）年に発覚した事件です。当時、全国五〇〇〇カ所以上の被差別部落の地名や所在地、戸数、職業などが、一冊の本にされ、一冊三万円から五万円で売られていました。これを企業や興信所など二〇〇社以上が購入して、就職差別や結婚差別などの身元調査に悪用されました。国は一〇年間かけて六六三冊を回収しました。全て焼却処分です。その後、現在まで一〇種類、確認されています。最後はフロッピーディスク版まで確認されています。

当時、これを作った探偵事務所に、「なぜ作ったのか」と聞いたら、自分たちの結婚調査や採用調査の大半が、「被差別部落出身者かどうか調べてくれ」であり、あまりにもニーズがあるから、一冊、本にしたら売れるだろうと作ったのが、この『部落地名総鑑』です。

どうやってこんな、全国の部落の地名情報などが分かったのかを聞くと、戦前に政府の外郭団体である中央融和事業協会が全国の部落の実態調査をおこない、それをまとめた報告書である『全国部落調査』を悪用したと答えたそうです。

それを見ると㊙と書いてあります。当時の治安対策や貧困対策、徴兵関係の目的もあり、部落の詳細な生活程度や主な職業などさまざまなことが記載されています。戦後になってこの本を探偵社や興信所などが悪用して、企業や結婚などの身元調査に使っていました。

『全国部落調査復刻版』出版計画と「同和地区wiki」

この『部落地名総鑑』の原点となった本である『全国部落調査』を、鳥取ループが探し回っていました。二〇一五年一二月、東京都内の大学で発見し、彼は全部コピーして家へ持って帰り、手書きの本をすべてデータ入力し、過去の地名だけなく、現在の地名に加筆修正して、ネット上にアップしました。これが「同和地区wiki」というサイトです。

例えば、大阪では吹田町（現、吹田市）、

高槻町(現、高槻市)の部落の名前、戸数、人口、職業、生活程度、現住所が載っています。

　鳥取ループはみんなで編集できる仕組みの「ウィキペディア」方式を使って、「全国の部落の位置を突き止めよう」「間違えていたらどんどん加筆修正してくれ」とネット上で呼びかけました。すると、そのサイトを見た、その地元に詳しい人たちが、どんどん加筆修正して、情報を追記していきます。

　この『同和地区wiki』の情報をもとに、実際に各地の部落に行って、地区内を撮影した写真や動画をネット上で晒していきます。

　また、ネットのさまざまな機能やサービスを使って、同和地区を特定して晒していきます。ネット上の地図機能があるGoogleマップを使って、部落をマッピングしていきます。

【大阪府】　昭和十年三月現在　「同和地区Wiki」

部落所在地	部落名	戸数	人口	主業／副業	生活程度	現在地
三島郡 吹田町	[redacted]	63	270	日傭／下駄職	中	吹田市 [redacted]
三島郡 高槻町	[redacted]	57	140	農業／日傭	下	高槻市 [redacted]
三島郡 島本村	[redacted]	49	306	農業／藁細工	下	三島郡 島本町 [redacted]
三島郡 鳥飼村	[redacted]	17	92	商業／農業	下	摂津市 [redacted]

ブログや動画サイトで部落を晒す

　最初の頃はブログでしたが、二〇一八年からはYouTubeチャンネルを開設します。差別投稿として削除されないよう「部落差別解消推進」「学術研究」「部落研究」というタイトル名を入れていました。チャンネル名は「神奈川県人権啓発センター」を名乗り、プロフィールを開けると自分は「横浜地裁が認定するところの同和地区出身者」だと書いています。彼は部落の近所に住んでいましたが、部落出身者ではありません。

※マスキング（ぼかし）は著者が編集

　何も知らない人が見ると、部落出身の当事者が、部落問題の研究などでフィールドワークをやって、ネットにアップしている動画で、「神奈川県人権啓発センター」という行政機関の関係のセンターだと騙されてしまいます。

　この動画チャンネルが、今、日本の部落問題のYouTubeチャンネルでは、再生回数とアップ数は断トツ一位です。フォロワーは五万人ぐらいいます（二〇二二年一〇月末時点）。視聴回数は、一回動画をアップするたびに、五万から一〇万の再生回数で、多いものは数十万から数百万の再生回数です。新しい動画を、ほぼ毎日か二日に一回程アップしています。それで広告収入などを得ています。

この動画チェンネルは本当に巧妙です。何も知らない人がこのサイトを見たら、普通に行政機関のサイトと思うように仕向けてやっています。

先ほど、YouTubeの初期の頃の部落差別の動画を見せましたが、初期の頃は、ああいった露骨で攻撃的な差別的動画が多くありました。今は露骨な差別的動画は、モニタリングなどにより、どんどん通報されて消されます。だから、わざと消されないように、「〇〇人権センター」という名前を付けています。今、神奈川県人権啓発センター以外に、〇〇県人権啓発センターなど、いくつも同じようなアカウント名で各地の部落を撮影し、ネット上で晒す動画や投稿がおこなわれています。これらは、鳥取ループの模倣犯です、このようにネット上の部落差別も、削除されないように巧妙になっています。

個人情報リストまで作成した鳥取ループの差別性

さらに深刻なのは、個人情報リストまで作っていることです。五〇年前の『部落地名総鑑』事件にはなかったことです。地名リストだけじゃない。部落の人の名字リストまでが作られたわけです。僕はこれを「部落人名総鑑」と呼んでいます。

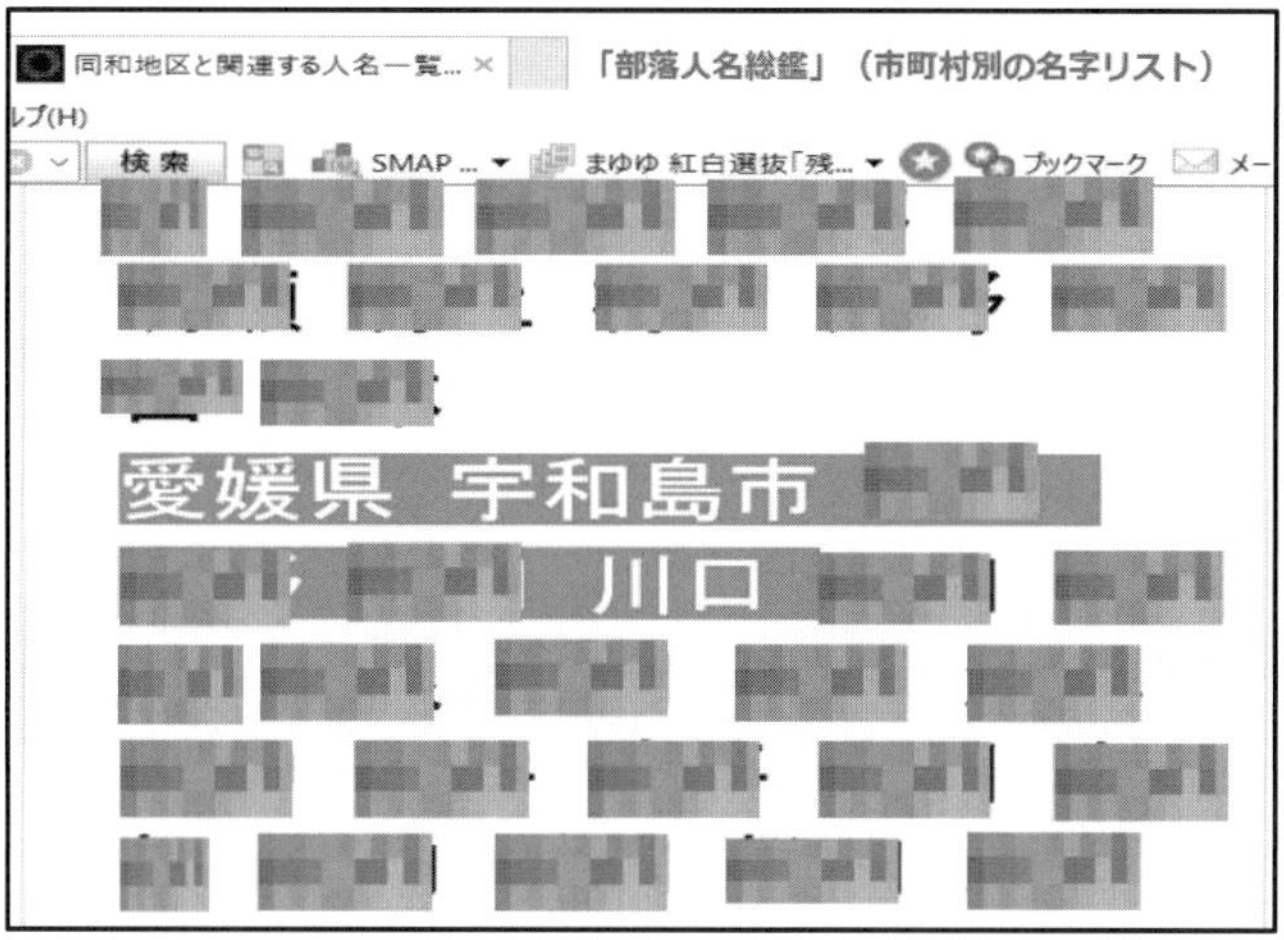

　僕は愛媛の宇和島市内の部落出身ですが、地名だけでなく「川口」という名字まで書いてあります。他にも、このように名字が入ったものが、全国の市町村別、福岡県内も作られています。

　どうやって作ったのか、なぜ、彼らはこんな情報が分かるのか、不思議でした。行政も、このような同和地区の人の一覧などのデータは持っていません。

　この個人情報リストとは、ＮＴＴの電話帳を悪用して作成されました。『ハローページ』って電話帳を覚えていますか？　以前は、個人自宅の電話番号が載っていたものがありました。あの電話帳情報は当時、個人情報保護法の適用除外とされていました。二次利用しても問題がないという理屈を使って、鳥取ループは、全国の電話帳の情報を一つのサイトに放り込み、「ネットの電話帳」（前「住所でポン」）というアプリを作りました。

NTTの電話帳は、市町村などのエリア別で製本され、「あいうえお」順になって配布されていました。「ネットの電話帳」では、市町村別で住所順に並べ替えられています。なぜ住所順に並べ替えて作成したのか？　部落の地名（町名）が分かれば「ネットの電話帳」で検索をして、その地域に住む個人を特定できるようにしたのです。逆に個人名を入れて、その人の住所を調べて、部落の一覧と照合することで、部落出身者か調べるようにしたのです。ネット上で誰が部落出身者かを特定する仕組みが作られたのです。

このサイトが「部落地名総鑑」（同和地区ｗｉｋｉ）のサイトにリンクを貼られて、身元調査に利用されるようにセットさたのです。どこが部落か、誰が部落出身者かを調べられるアプリがネット上でばらまかれ、無料公開されました。

そして、この情報をもとに、今度は、「解放同盟関係人物一覧」として一〇〇〇人以上の解放同盟の役員などの個人情報リスト（名前や住所、電話番号など）がネット上で作成され、公開されました。

解放運動団体の役員の人たちは、大会の資料や解放新聞に、執行部の名前と役職などが出ています。それを「ネットの電話帳」で検索して、個人の住所や電話番号などをウィキペディア方式で、匿名の人たちも参加して、どんどん一覧リストが作成されていきます。なかには、その個人を知る人が、個人の携帯番号や生年月日、民間の勤務先、「こんな発言をした」などの情報などもが書かれていました。

僕の場合、最初は自宅の住所など一行ぐらいでしたが、それが、どんどん書き込みが増えて何十ページにもなり、悪意を持ったフェイクや印象操作された記事など、さまざまなことが書かれていました。

さらには、Googleマップやヤフー地図の機能を悪用し、滋賀県内の解放同盟員の自宅をマッピングしたり、全国の部落の所在地を地図上にマッピングしたりするなど、部落や部落出身者を特定するための地図までが作成されました。ネット上で誰もが簡単に部落を特定し、身元調査を可能にする情報とツールが無料で公開されました。

「解放同盟関係人物一覧」(山口県連)

[redacted]	名誉顧問	山口県萩市[redacted]	0838-[redacted]
[redacted]	副委員長	山口県徳山市[redacted]	0834-[redacted]
[redacted]	財務委員長、萩支部長	山口県萩市[redacted]3区4663	0838-[redacted]
[redacted]	会計監査	山口県宇部市[redacted]	0836-[redacted]
[redacted]	会計監査	山口県宇部市[redacted]	0836-[redacted]
[redacted]	執行委員、柳井支部長	山口県柳井市[redacted]	TEL0820-[redacted] F
[redacted]	執行委員	山口県柳井市[redacted]	0820-[redacted]
[redacted]	執行委員	山口県徳山市[redacted]	0834-[redacted]
[redacted]	執行委員	山口県下松市[redacted]	0833-[redacted]
[redacted]	執行委員	山口県山陽小野田市[redacted]	0836-[redacted]
[redacted]		山口県山口市[redacted]	083-[redacted]

『復刻版』の出版予告と法務省の限界

このように部落を特定する情報を挑発的にネットでアップし続けてきた彼は、今度は『部落地名総鑑』を出版しようとしました。もう、びっくりしました。

二〇一六年二月、通販サイトAmazonに、四月一日に出版予定で予約受付を開始しました。本の表紙には「部落地名総鑑の原点」『復刻　全国部落調査』と書かれ、コメントとして「旅のお供にどうぞ。一冊一〇〇〇円から」と書かれていました。全国の部落解放運動関係者は、本当に驚き憤慨しました。

同和教育や解放運動に取り組む多くの人たちがAmazonに「取引を中止しろ」と抗議しました。数日後、Amazonは取引を中止しました。しかし、たった数日ですでに五三冊の予約があり、地理部門の一位でベストセラー入りしていました。一体誰が購入予約したのか、企業や探偵社、個人なのか、その予約した人たちも問題です。

このことは、国会の法務委員会でも取り上げられ、法務大臣がこの本はかつての『部落地名総鑑』の原点となった本であり、こんなものを出版したら「部落差別を助長する」と答弁しました。

その後、東京法務局長が、出版を計画した示現舎代表の宮部氏らを呼びし、君たちがやろうとしているこの『全国部落調査』復刻版（以下、『復刻版』）の出版行為、ネ

ット掲載は、部落差別を助長する行為であり、部落の人たちに対する人権侵犯事件であるため「出版をやめて、ネットからも削除しなさいと」と、法務局が「説示」しました。しかし、その説示に対して宮部氏は、「この説示は、あくまでも任意で法的強制力はないでしょう。予定どおり出版します」と平然と答えます。

いいですか、これが、差別禁止法がない、今の日本の人権擁護行政の限界です。法務大臣が答弁をして、法務局長自らが説示しても、今の日本ではこういった『部落地名総鑑』を禁止する法律がないから、「あくまでも行政は任意でやめてください」とお願いしか言えません。「出版します」と言ったら、本当に出版できる状況なのです。

『復刻版』出版禁止の仮処分決定

現行法では行政が出版を止めるのが無理だということで、解放同盟が『復刻版』の出版差し止めの仮処分を求める民事裁判を起こしました。取りあえず、裁判の決着(判決)が出るまでは出版を禁止しなさい、という出版禁止の仮処分決定が出版三日前の三月二八日に出ました。

その後、鳥取ループは、本が出版できなくなったので、『復刻版』の本のデータをPDFファイルにして、無料でネット上にバラまきました。「著作権は放棄しているから、自分で製本してもいい」「オンデマンド印刷で、こうやったら製本できる」というやり方まで紹介し、「復刻版」の拡散をあおりました。

その後、同年四月一八日に、『復刻版』のネット掲載削除の仮処分決定が下されました。しかし、すでに、たくさんのコピーサイトが次々と作られ、「オークションサイト」などでも、このデータを基に別の人物が売り始めました。

そして解放同盟と解放同盟員ら二四八名が同年四月一九日に、『復刻版』の出版禁止とネットからの削除、損害賠償一人一〇〇万円求めた裁判を起こしました。私もその原告の一人です。

佐賀メルカリ事件

二〇一九年一月、大変ショックな事件が起きました。「メルカリ」というネットのフリマアプリに、鳥取ループがばらまいたデータを基にして、別の人物が『復刻版』を製本化し、一冊五〇〇〇円から三〇〇〇円で売っていました。三冊目で発覚し、メルカリに抗議して販売を中止させました。

一体、誰が出品していたのかを調べ、佐賀県の人が売っていたことが分かりました。このことは、地元の佐賀新聞や西日本新聞なども社会問題として大きく記事にしました。かつて社会的に、国を挙げて回収したあの『部落地名総鑑』が、今、佐賀の人が公然とメルカリで売っていた、「これは、大変なことだ」とネットニュースにも載ります。

そのネットニュースを見た出品者は、びっくりしました。メルカリに出品したものが、大変な問題になっている。「どうしよう」と怖くなった出品者は「すいません、あの本は私が出しました。手元に残り数冊あります」と佐賀県庁に電話しました。

なんとその出品者は、当時、高校三年生の学生でした。関係者一同、騒然とします。「まさか高校生が、こんな本を売っていたのか」と。高校生本人は、「小遣い稼ぎで、売れればいいと、軽い気持ちでやっていました」と言っています。県教育委員会にも「まさか、現役の高校生がこんな本を売っていたなんて」と激震が走ります。

後日、お父さんとその高校生が県庁に行きます。お父さんは、「すいません、うちの子どもがとんでもないことをしてしまって」ともう平謝りです。その高校生に関係者が、いろいろ聞きました。部落差別については、「中学校時代、歴史の授業で少し勉強しました」という程度です。

そもそもなんでこんな本を製本して売ろうと思ったのか。彼は高校に入り社会の授業で部落問題を学習し、その後、ネットで部落や同和について検索したら、鳥取ループのサイトを見て、『全国部落調査』復刻版のデータをみつけました。佐賀県内の部落についても詳しく書かれていました。鳥取ループ・示現舎のサイトには、オンデマンド印刷で製本の仕方まで紹介してあり、その通りやってみたら、製本された一冊の本になりました。「すごい」と学校へ行って友達に見せたけど、あんまり反応なく、家にそのまま置いていました。高校三年生一月の卒業前に、いろんなものをメルカリで売るついでに、出品してみたら、一冊目が五〇〇〇円で売れて「すごい、これ、すごく高く売れる」と、小遣い稼ぎのために二冊目、三冊目と注文を受けて作ったということでした。

「これ、『部落地名総鑑の原点』と書いてあっただろう、意味は分かっていますか」と聞くと「部落の昔の地名のリストでしょ、何が問題なのですか」と彼は答えます。

「この本は、かつて国を挙げて回収した本だよ。この『部落地名総鑑』が悪用されて、結婚や就職のときに差別が起きて、どれだけ多くの部落の人たちの人生が奪われたか。中には差別を苦に、命を落とした人までいるよ。そんな危険な本なんだよ。今でも差別意識を持つ人がこんな本を手にしてしまったら、どんな悲劇が生まれるか。そんな本なんだよ」と言ったら、彼は、こう言いました。

「え、今でも部落差別とかってあるんですか。部落差別って昔の話でしょう。もうたいしたことは、ないでしょう。『鳥取ループさんが、もう部落差別はない、たいしたことない、だからどこが部落かオープンにしても、そんな深刻な差別は起きない』と言っていましたよ。僕もそう思っていました」

と、こんな感覚なのです。

そこで、行政や解放同盟の人が、「今でも佐賀でこんな結婚差別が起きている。自分らもこんな経験してきた。この差別をなくすために、行政も企業も学校も、こんな取り組みをしてきている」と、一個一個、話していくのです。

そしたら、その高校生、顔色が変わっていきます。「今でも佐賀でそんな差別が起きているのですか。結婚差別が今でも起きているのですか。自分は、とんでもないこと、やってしまったのですね。本当に申し訳ありませんでした」と。

メルカリ事件が問うもの

今回のこのメルカリ事件は、現代の部落差別を象徴する事件だと思っています。

この高校生は、強烈な部落差別意識を持っているわけではありません。「この本を売って、部落のやつを差別してやろう」と思ってやったわけではありません。違います。逆です。この高校生が部落差別の現実や過去の教訓、差別への不安や苦しみなどに、無知・無理解・無関心だったからこそ、平気で出品できたのです。

もし彼が学校教育や社会教育で、今もある部落差別の現実や、差別によって命を奪われた人までいることや、今もふるさとを隠して生きている人がいる、その苦しみや悲しみやこの教訓を学んでいたら、ネットでこんな情報を見ても、こんな形でアウトプットしなかったと思っています。

何も知らない子は差別しない？　寝た子を起こすな？　逆です。差別の現実に対して無知・無理解・無関心だからこそ、平気でこのような本を製本化して出品したのです。

「同和教育の後退」と「無法地帯化」したネット

今回のメルカリ事件は、単に一高校生のモラルの問題ではないのです。「特措法」失効後のこの二〇年の同和教育の後退、その課題が突きつけられたのです。この高校生は、ひょっとしたら山口県の高校だったかもしれないのです。福岡県の高校生だったかもしれないのです。この感覚の子たちは。どこにでもいます。

そしてもう一つが、この無法地帯化したネットです。全国水平社創立から一〇〇年にわたる部落解放運動、半世紀以上に及ぶ同和行政も含めて、身元調査規制、登録型本人通知制度、就職差別撤廃などさまざまな取り組みをしてきました。

しかし、ネット上は無法地帯化しています。この「同和教育の後退」と「無法地帯化したネット空間」、この二つの課題が、一人の高校生に部落差別事件としてこの事象を起こさせてしまったのです。あらためてそれぞれの立場で、このメルカリ事件、課題を考えてほしいと思います。

ネット上の差別の放置

ネット上で「部落地名総鑑」「部落人名総鑑」、部落の地図が公開され、部落を撮影した動画や写真などが晒されて、現実社会ではさまざまな被害が生じています。

①身元調査・土地差別調査に利用

部落の地名リストなどが身元調査に利用され、交際差別や結婚差別が起きています。マイホームの購入や転居先が部落かどうかを調べる土地差別調査にも、普通に利用されています。ネット掲示板などでは「○○市のどこが部落か教えて」という投稿があったら、「これ見たらいいよ」と、普通に部落の地名リストのリンクが貼られています。

最近の行政機関への同和地区の差別問い合わせも変化してきています。一〇年前までは「○○市のどこが部落か教えてください」という問い合わせでした。しかし、最近は違うんです。「引っ越そうと思い、いい物件を探していたら、○○町は部落と書いていた。あれ、本当ですか？」と確認のために聞いてくるのです。そのように同和地区の所在地を問い合わせること自体が問題であるという認識も低下してきています。

②学校現場への影響

学校現場では子どもたちが、調べ学習で部落へのデマや偏見、差別情報を学習し、発表するケースも出てきています。興味本位で、どこが部落かを調べたり、友人や恋人、自分が部落出身かなどを調べる身元調査にも部落のリストが使われています。

③閲覧ダメージ

次に、差別情報の閲覧ダメージです。部落出身の当事者が、ああいった差別的な動画やコメントを見ると傷つきます。

差別は、個人に対するものでなく、その属性に対する差別、攻撃なのです。「部落民、死ね」と書かれていたら、「川口」という個人名がなくても、部落出身である僕のことを言われていることと一緒です。

差別投稿が削除されずに放置される状態は、常にマイノリティを傷つけ続けます。「あ～、世間の人は部落をこんな目で見ているのか」と部落出身者の肯定的なアイデンティティを喪失させていきます。

みなさんの地元で差別落書きがあったら、市役所など行政機関は放置せず消すでしょう。行政としても放置はしません。しかし、なぜネット上の差別投稿は放置するのですか。ネットの方が多くの人に見られ、永続性があるので被害は深刻です。だから、許してはいけません。

④ネット誹謗中傷、個人攻撃、差別投書など

ネットは、「叩いてもいい」というターゲットがセットされると、あとは「義憤」に燃えた、「ゆがんだ正義感」の人たちが、「批判」という名の下に、うわーっとネットリンチ（ネット私刑）が始まってきます。

自宅に無言電話が続く

僕自身、二〇一六年二月、この鳥取ループ事件が起きたときは、びっくりしました。ネット上に『部落地名総鑑』がばらまかれた。これは大変なことだと。すぐに全国の講演会で、テーマを変えてこの問題をメインテーマに問題提起しました。

今すぐ行政や教育現場、解放運動も取り組まないと本当にやばいと思い、さまざまな場で発信してきました。そしたら、あっという間に鳥取ループらに目を付けられ、彼らのブログやTwitterでも、頻繁に僕の名前が出てくるようになりました。今でもそうです。

僕がターゲットにセットされると、今度は、義憤に燃えた人たちが、うわーっと僕に対するバッシング・誹謗中傷をネット上で始めていきました。半年位すると、誰かが、僕の自宅の住所と電話番号を突き止め、ネットに書いたのです。

すると今度は、うちの自宅の固定電話に非通知の嫌がらせの無言電話が、頻繁にかかってくるようになりました。早朝の五時、六時ぐらいから、家の電話が鳴るんです。最初は何事かと思って出ました。でも、何も言わないで切る。またかかってくる。こっちが切らないと切りません。土日とかは二〇~三〇回、朝から晩までずっとかかってきました。

僕は、仕事で基本的に家にいません。その電話に出るのは、小学生の娘です。僕は、子どもが二人います。当時、下の子は小学生で、スマホを持ってなかったんです。自宅の電話が友だちや親などとの連絡手段でよく使っていました。子どもが学校が終わって、家に帰ります。電話が鳴ると、友だちだと思って出るわけです、「もしもし」と。でも何も言わないから切る。すると、またかかってくる。一週間もしないうちに娘が、「パパ、もう電話怖い」「ちょっと気持ち悪い」と言い出しました。その言葉を聞いた段階で、「これは、まずい」と思って自宅の電話は解約し、新しい番号に変えました。

差別年賀状

翌年の二〇一七年正月、一通の年賀状が自宅に届きました。直筆の年賀状でした。震えた文字で私の住所や名前などが書かれていました。筆跡がばれないように利き手じゃないほうで犯人は書いていると思います。年賀状は消印がありません。どこの郵便局から出されたのかも分かりません。差出人も書いていませんでした。この年賀状が、わが家に届いたんです。この年賀状の第一発見者が、当時小学校五年生の娘です。

小学生ぐらいなると、うちの子どもにも五枚、十枚と年賀状が届きます。うちの子どもは毎年、年賀状を楽しみにしています。この日もいつものように、朝、起きたら一番に玄関のポストに走っていって、年賀状の束を取り出して、「パパの、ママの、私の」と届いた年賀状を分けてくれていたときでした。

「これ見て、パパ、なんか変なのが届いている」と。「誰？」「分からん？」と言います。「ちょっと裏をめくって見て」と僕が言うと、ぱっとめくりました。そしたら、左側に、手書きで書いていました。「エタ、死ね」と。

僕は、この文字を見た瞬間、頭が真っ白になりました。胸の奥を刃物でぐさっと刺される痛みがしました。胸の奥がざわーとしました。同時に「しまった」と思いました。娘にこの差別はがきを見せてしまったことを悔いたんです、「なんできょう俺が、ポストに取りに行かなかったのか」と。

娘が心配な顔をして、「パパ、死ねって書いとるけど、大丈夫？　殺されたりせんよね」と聞いてきます。本当は、僕はものすごく動揺していました。もう、胸がざわざわしていました。でも子どもの前

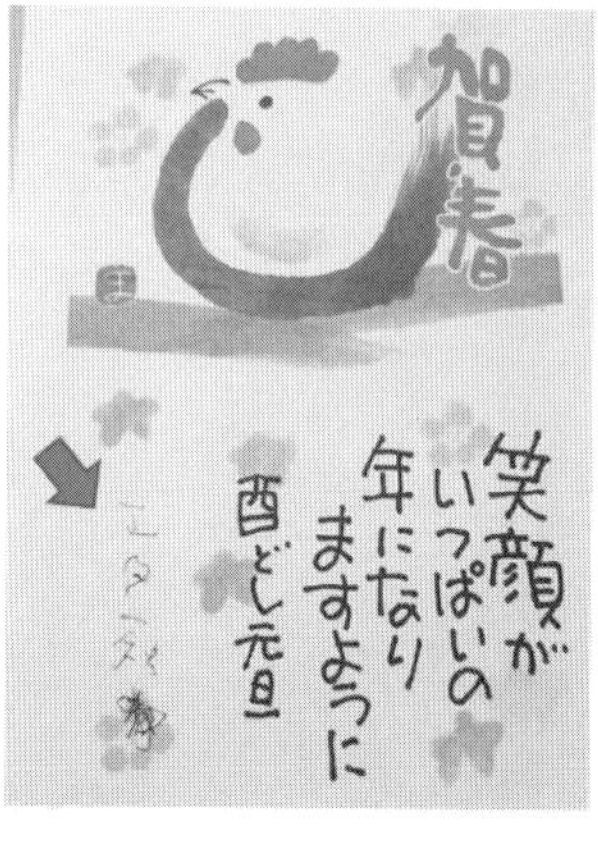

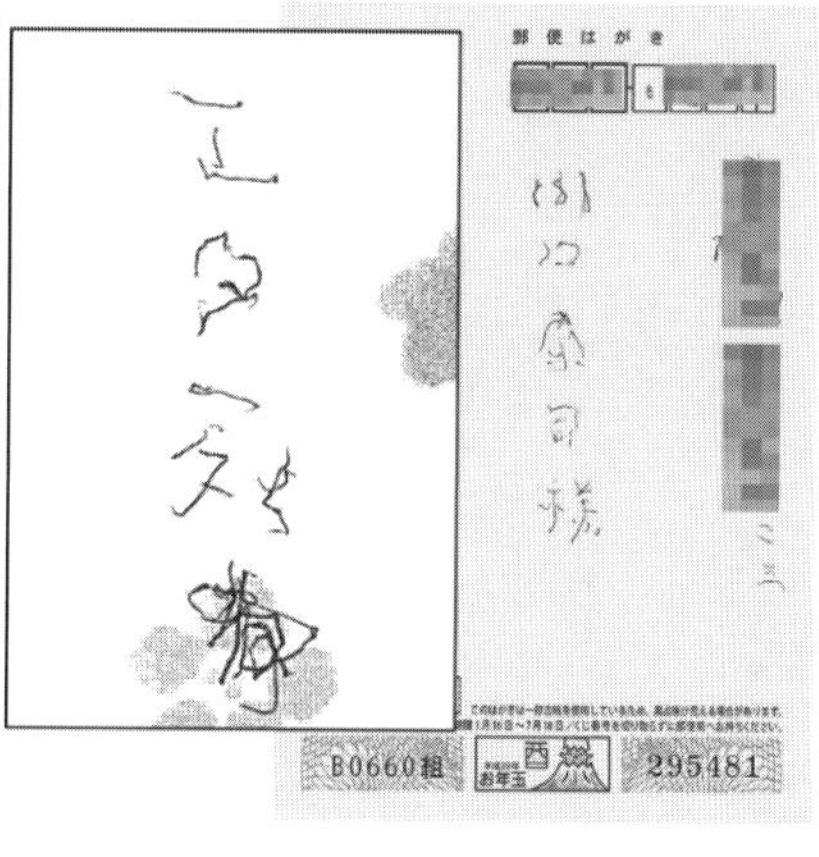

ですから、頑張って平静を装いながら、「大丈夫よ、殺されたりしないよ。パパ、今、部落差別の講演をしたり、裁判とかして、いろんな嫌がらせとかあったやろ。これもいたずらやけん、大丈夫」と答えました。「本当?」「本当よ」と。

「パパ、『エタ』って何?」

じーっと年賀状を見つめながら、次にこう聞いてきました。「パパ、『エタ』って何?何なん、どういう意味なん? パパ、『エタ』なん?」と聞いてきました。娘が目の前で、この差別はがきを手に持っている姿を見るだけで、親の僕は胸が張り裂けそうでした。この子が生まれてきたときに、誰がこんな日が来ると想像したでしょうか。娘が大人になる前には、差別をなくさないといけない。その一心で僕も解放運動を頑張ってきたんです。

娘の名前は、生まれる前から反差別の思いを込めて、パートナーと話して名付けました。そのかわいい娘が、何も知らないで無邪気に、差別はがきを手にして、僕に「エタってなに」と聞いてくるんです。僕はなんて答えたらいいんですか。

当時五年生の娘には、部落にルーツがあるということは話しています。でも、五年生ではまだ、歴史学習も始まっていません。水平社の勉強もしておらず、この言葉の意味も教えていません。でも、ここは向き合わないといけないと思って、勇気を出して話しました。

「『エタ』っていうのは、穢れが多いって書くんよ。この言葉で、部落の人は何百年と差別されてきたんよ。当時、決して、自分たちで『エタ』と言ったことはない。差別をする人たちが、差別をするために付けた言葉だ」「この言葉をパパたちに書いてきた犯人は、本当に許せん。でもな、大丈夫や。パパには全国に、こんな部落差別はおかしいって言う、仲間がいっぱいいる。世の中はそんな人が大半やで、大丈夫やで」と、娘を抱き締めました。

この日の夜、家族会議をしました。上のお姉ちゃんもいます。連続するかもしれないから、もう、明日から、郵便物はパパが全部、確認すると。この日以降は、今でも僕が郵便物を確認しています。今でも、家に帰ってポストを開けるたびに、「きょうは大丈夫かな」と思っている自分がどこかにいます。

差別ハガキも自作自演と言われる

たった一通の差別はがきです。でも、わが家の平穏を砕きました。このことは、裁判でも、こんな被害があったってことを訴えました。でも彼たちは、この差別ハガキ事件のことを何と言っているのか。「この差別はがきは、川口のねつ造、自作自演かもしれない。自分たちの裁判を有利にするために」と言っています。「解放同盟は差別事件をでっち上げる、この差別はがきも、川口のでっち上げかもしれん」と。

そんなばかな。誰がわが子にこんな差別はがき、見せたいですか。でも、ネットはその一行で十分なのです。なぜなら、ネットは自分の見たい情報しか見なくていいからです。自分にとって心地よい情報しか信じないのです。「もう部落差別はない、たいしたことはない」と思っている人たちにとってはそれで十分なんです。「差別がなくなったら、同和利権がなくなって、おまえら、困るのだろう」と思っている人たちは、この差別はがきもねつ造だと考えるのです。

差別する人たちは、差別があっても、「ない」ことにし、マイノリティが声を上げると、今度は叩いていくようになります。こんな現実が横行してきているわけです。

差別が攻撃的・エスカレート

このようにネット上での差別投稿が放置され、部落や解放運動関係者に対する偏見や差別意識、憎悪感情が煽られていくことで、差別がよりエスカレートしていきます。

二〇一七年三月、部落解放同盟三重県連の事務所には、「平民さまなめんな、エタの分際が」とアイスピック入りの投書が送られてきました。こういった刃物入りの差別投書が、各地の解放同盟の事務所に送られています。

二〇一七年五月、部落解放同盟の組坂繁之中央執行委員長（当時）の自宅にも差別封書が送られています。デザインカッターの刃をテープで留めています。右から開封しても、左から開封しても手が切れるようになっています。組坂委員長は開封するとき手を切り、封書に血がついています。組坂委員長は、「こんなことくらい、たしたことない、大丈夫」と笑っています。けれども、こうなると傷害事件です。解放運動の活動家が、自分のことを部落出身者と公表して活動しています。自宅住所や電話番号などさまざまな個人情報が晒されていきます。

マイノリティの「表現の自由」が萎縮

鳥取ループによって「こいつら、こんな悪いやつだ」と書き込みがされていく。そして、さまざまな義憤に燃えた人たちが、ゆがんだ正義感で攻撃してくるのです。こうなってくると、もう、人前で講演するのが、怖くなってきます。きょうもこの参加者の中に、彼の仲間がいるかもしれんと思うと、安心してしゃべれなくなるのです。

実際に僕の講演に鳥取ループは潜入して無断で録音などをしていました。最初は二〇一七年に滋賀県の部落解放研究集会（地元研究集会実行委員会主催）のホールでした。鳥取ループが、一番前に座っていました。講演して三〇分ぐらいで気づき、びっくりしました。「えーっ」と思い、追い出してもらいました。その後、二〇一九年の兵庫県内の講演会でも、彼らの仲間が参加し、主催者も私も「録音・録画禁止」と言っているのに、こっそりダビングされ、YouTubeにアップされました。二〇二二年、大分県主催のオンライン講演をしたときも録音・録画禁止と対策を打っていましたが、それをダビングされて流されました。

こうなると安心して語れなくなるのです。きょうの講演会では、僕は家族の写真も出してから、語っています。それは、参加者のみんなを信じて、差別の現実を知ってもらうためです。でも、それができなくなる状況になりつつあります。

「差別をする側」は表現の自由、学問の自由の名の下に、ノーペナルティーです。「差別禁止法」がないから罰則規定もありません。しかし、その結果、「差別をされる側」の表現の自由が奪われていくのです。こういったアンフェアな状況が続いているのです。

鳥取ループ「第二世代」が生まれている

こういった状況が、公然ともう五年も六年も放置されていることで「差別する側」の第二世代が生まれているのです。鳥取ループを模倣した第二世代が、どんどん同様の行為をネット上でおこない始めています。

「部落マップ」というものが作られました。Google アースという Google の地図機能を使って、部落がマッピングされて、都道府県別に一冊一〇〇〇円ぐらいで売られていました。これは、モニタリングで発見し、通報した結果、このツイッターアカウントは凍結されました。こんな状態が普通にできるようになってきています。

ついには、「みんなで部落民を殺そう」という「五ちゃんねる」のスレッドが立ちました。これは、民族浄化と同じヘイトクライムです。

「同和地区と関係する人名一覧」というさっき見た名字リストのリンクが貼られて、「あなたが住んでいる町内に部落出身者は居ませんか？

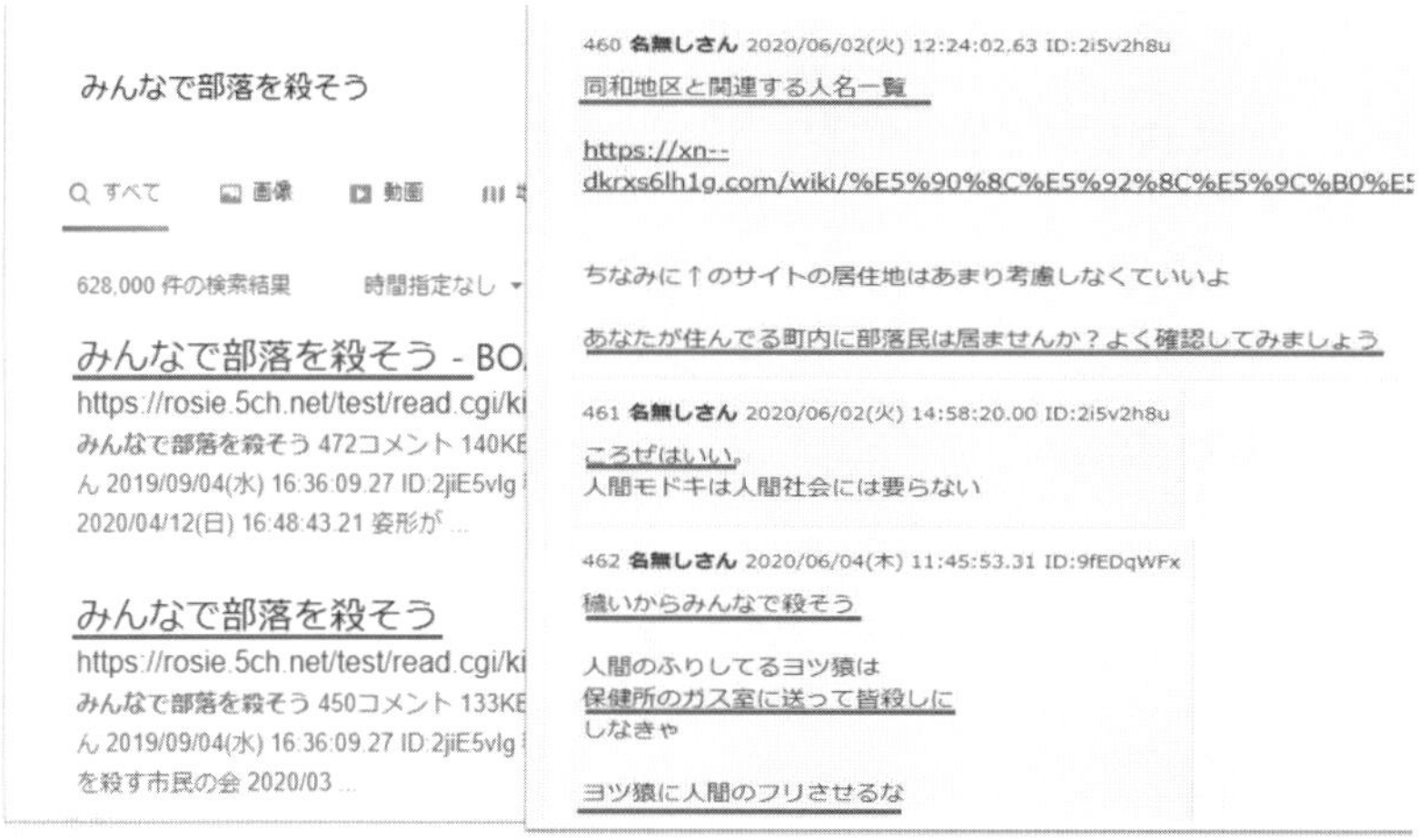
みんなで部落を殺そう
すべて
画像
動画
628,000 件の検索結果
時間指定なし
みんなで部落を殺そう - BO
https://rosie.5ch.net/test/read.cgi/ki
みんなで部落を殺そう 472コメント 140KE
ん 2019/09/04(水) 16:36:09.27 ID:2jiE5vlg
2020/04/12(日) 16:48:43.21 姿形が ...
みんなで部落を殺そう
https://rosie.5ch.net/test/read.cgi/ki
みんなで部落を殺そう 450コメント 133KE
ん 2019/09/04(水) 16:36:09.27 ID:2jiE5vlg
を殺す市民の会 2020/03 ...
460 名無しさん 2020/06/02(火) 12:24:02.63 ID:2i5v2h8u
同和地区と関連する人名一覧
https://xn--dkrxs6lh1g.com/wiki/%E5%90%8C%E5%92%8C%E5%9C%B0%E5
ちなみに↑のサイトの居住地はあまり考慮しなくていいよ
あなたが住んでる町内に部落民は居ませんか？よく確認してみましょう
461 名無しさん 2020/06/02(火) 14:58:20.00 ID:2i5v2h8u
ころせばいい。
人間モドキは人間社会には要らない
462 名無しさん 2020/06/04(木) 11:45:53.31 ID:9fEDqWFx
穢いからみんなで殺そう
人間のふりしてるヨツ猿は
保健所のガス室に送って皆殺しに
しなきゃ
ヨツ猿に人間のフリさせるな

よく確認しよう」「殺せばいい、けがらわしいからみんなで殺そう」「人間のふりをしているヨツ猿は保健所のガス室に送り込んでみな殺しだ」ここに鳥取ループがばらまいた地名や『部落人名総鑑』のリンク貼られていくわけです。

全国水平社が創立された一〇〇年前でも、部落出身者を特定して、「みんなで部落民を殺そう」っていう呼びかけはありませんでした。しかし、現在、鳥取ループによってばらまかれた部落の地名や人名リストが拡散・悪用され「部落民を殺そう」と扇動される、こんな状況にまでできました。

これは、ナチス・ヒトラーがやったヘイトクライム、ユダヤ人の大量虐殺と同じ流れです。「ヘイトのピラミッド」といわれる図があります。最初は悪口や憎悪感情から始まり、次に身体的攻撃、最後は民族浄化という虐殺です。ユダヤ人の虐殺だけではないのです。障がい者・同性愛者も虐殺しています。

今の日本の状況も早い段階で差別に対する法規制や社会の取り組みがなければ、ブレーキがきかなくなり、よりエスカレートしていきます。人権・同和行政や水平社以来の解放運動は、差別に対してずっとこのブレーキをかけてきました。これが今、ポーンと底が抜けた状態です。あらためて、しっかりと差別に対するブレーキをかける取り組みや法制度が求められています。

第六章　東京地裁判決とその後の動き（裁判の経過は巻末【資料】参照）

東京地裁判決の成果

①出版差し止め、四八八万円の損害賠償命令

こういう状況の中で、提訴から五年後、二〇二一年九月、『復刻版』出版差し止め裁判の東京地裁の判決が出ました。基本的に解放同盟の勝訴です。『復刻版』の出版、ネット掲載はプライバシー権の侵害であり「違法」との判断が下されました。

示現舎代表の宮部龍彦氏に対して『復刻版』の二五都府県部分の出版差し止めとネット上でのデータ配布の禁止、当該データの二次利用の禁止を命じました。損害賠償については原告二一九人（最終原告二三四人）のプライバシー権の侵害を認め、計四八八万円の損害賠償が命じられました。賠償金は一人、数千円～数万円でほんとに安いです。ネット上の差別投稿など名誉毀損の裁判をしても、被害者の経済的負担が大きいのが現実です。

9月27日、東京地裁前で

②プライバシー侵害であり「違法」、「学問・表現の自由ではない」

判決では、部落差別が解消されたとは言い難く「住所や本籍が同和地区内にあることを知られれば、差別や中傷を受ける恐れがある」と指摘しています。地名リストが公開されると部落出身者への身元調査が容易となり、その損失は「結婚、就職で差別的な取り扱いを受けるなど深刻で重大であり、回復を事後的に図ることは著しく困難」との認識を示しました。

また、出版・掲載の差し止めは「学問の自由を著しく制限する」との鳥取ループの主張に対して、判決は「研究の自由が制限されるとはいえず、公益目的ではないことは明らか」と一蹴しました。

地裁判決の課題と部落差別禁止法の必要性

①一六県を差止め対象から除外

一方、今回の判決では「復刻版」の出版物の記述のすべてを禁止したのではなく、「復刻版」に掲載された二五都府県（全四一都府県）のみを差し止めの対象とし、山口県や三重県など一六県は差し止めの対象から除外しました。

差し止め対象から除外された県とは、原告のいない一〇県（秋田県、福島県、茨城県、石川県、福井県、山梨県、岐阜県、静岡県、愛知県、徳島県）と、原告の権利侵害（プライバシー侵害）が認められなかった六県（山口県、佐賀県、長崎県、三重県、富山県、千葉県）の計一六県です。

原告の権利侵害が認められず、差し止めの対象外となった六県は、佐賀県（二人）以外は、すべて原告が一人の県でした。一人の権利侵害が認められなかったことで当該する県内すべての部落の地名リストの差し止めが除外されたのです。

権利侵害が認められなかったケースとして結婚や就職などで部落から転居して、現在は部落外に住んでいる場合などです。現住所や本籍が部落にないと「権利侵害の恐れはない」と除外されたのです。部落差別は部落を離れて住んでいていても、本籍地が変わっても、血縁や地縁で部落出身であることが分かれば差別を受けます。本人は「ふるさと」を離れていても、実家には親族が住んでいます。自分の生まれ育った地域（前住所・本籍地）が部落だと分かり、結婚差別を受けて苦しんでいる人たちもたくさんいます。裁判所の今回の判決は、部落差別がどういう差別なのか、まったく分かっていないものになっています。

②「差別されない権利」を認めず

今回の判決では「差別されない権利」（平穏に安心して生きる権利）を認めず、プライバシー権の侵害だけを基準にして判断しています。そのため、「復刻版」の出版物自体でなく、原告の有無や原告の地域別（都府県）で判断する、極めていびつな判決となりました。

　また、自ら部落出身と公表してメディアの取材に応じたり、書籍に書いたりしている人など二三人の原告についても権利侵害（プライバシー侵害）を認めないという判決を下しています。差別解消のために自身の判断によって名乗る「カミングアウト」と「アウティング」（暴露）は違います。

　今回の裁判は「アウティング裁判」とも言われており、部落問題の基本的な部分を裁判所は理解できていません。部落差別という問題の本質をとらえず、プライバシー権侵害にすり変えた判決は問題です。すでに、原告の解放同盟と被告の示現舎は一審判決を不服として控訴しており、二〇二三年六月二八日に東京高裁で控訴審の判決が下されます。

「部落差別解消推進法」の意義と課題

①国が部落差別の存在を認めた

あらためて「部落差別解消推進法」の意義と課題について確認します。

一番の意義は、「現在もなお部落差別が存在する」と、部落差別の存在を国があらためて認めたことです。これから人権研修などで部落問題を取り上げるときに、「もう、部落差別はない」「研修会などしなくてもいい」と言う人がいたら、それは、一団体・政党、個人の見解であり、国が「現在もなお部落差別が存在する」と法律で認めていると言えばいいです。その上で「私たちは、部落差別解消に向けて取り組みを進めます」と言えばいいのです。

「福岡県部落差別の解消の推進に関する条例」(二〇一九年改正)のように全国の自治体でも「部落差別解消推進条例」が制定され、条例においては部落差別の存在を認め、差別解消に向けた積極的な施策が取り組まれています。

②「寝た子を起こすな」論を明確に否定

今回の法案審議であらためて「寝た子を起こすな」論が明確に否定されました。部落がない北海道や沖縄の人にも、部落にルーツを持つ人たちは住んでいるし、部落に対する偏見や差別意識を持つ人はいます。ネット社会が普及した今、「寝た子を起こすな」は通用しません。「寝た子はネットで起こされる」時代になっています。だから「部落差別解消推進法」は、全国の自治体、学校などでも「部落差別を解消するための教育・啓発」(第五条)に取り組むようにと言っています。

第六条では、部落差別の実態調査を行うこととされています。これを踏まえて国は四つの部落差別に関わる実態調査を行い、二〇二〇年に報告書が出されています。

四つの実態調査とは、①意識調査、②ネット上の部落差別、③法務局が把握している部落差別、④地方自治体・教育委員会が把握している部落差別です。

③「部落差別解消推進法」の周知

「部落差別解消推進法」の課題は、法の認知度の低さです。国の第六条実態調査（国民意識調査）では、「部落差別解消推進法」の認知度は八・七パーセントしかありませんでした。「名前ぐらい聞いたことがある」を入れて、ようやく三〇パーセント前後です。この法の周知と、この法律が出来た立法事実であるネット時代における部落差別の現実をしっかりと学ぶ必要があります。

④差別禁止規定の必要性

「部落差別解消推進法」施行から六年以上が経過し、モニタリング・削除要請の取り組みでも「理念法」の限界が明らかになっています。SNS上では鳥取ループらによる「部落探訪」をはじめ、部落を晒す写真や動画の投稿に対して自治体なども削除要請をしていますが、削除されない状況が続いています。特にTwitterなど海外のプロバイダ事業者は、法律で禁止された違法なものでない限り、投稿者からの訴訟リスクを恐れてなかなか削除しません。

悪質な差別投稿を削除させるためにも「部落差別解消推進法」の強化改正を行う必要があります。その時のポイントは、どのような行為を部落差別として禁止するのかを明確にして、それらの行為を禁止する差別規定を盛り込むことです。具体的には最低三つの行為を規制する規定が必要です。

1　正当な理由のない「同和地区の識別情報の摘示」（部落を晒すアウティング）
2　差別身元調査（結婚や就職などにおいて部落出身か調べる行為）
3　土地差別（不動段取引において同和地区かどうか調べる行為）

この三つの行為については、これまでの同和行政の取り組みのなかで国や地方自治体も部落差別を助長・誘発する行為として認識し、差別事件として対応してきました。ネット上でも同じように対応する必要があります。このレッドカードの部分は、明確に法律で禁止しようということです。このような法令での差別禁止規定があれば、プロバイダ事業者も「違法」情報として削除対応をおこないます。

この間、（一社）部落解放・人権研究所が『今こそ必要！差別禁止法～部落差別から考える～』という三〇分ほどの動画を作成しました。私も「ネットと部落差別」で出演していますが、鳥取ループ事件をメインに、大阪の大量差別文書ばらまき事件などを扱ったドキュメントを作りました。これは、YouTubeで二六分・無料(下記QRコード)で見られます。地域の学習会や職場の学習会に使えます。ぜひ、ご覧ください。

プロバイダの契約約款に部落差別の禁止規定を

「部落差別解消推進法」施行を受けて総務省が二〇一七年一月に国内のプロバイダ通信関連業界の四団体に対して、「インターネット上の部落差別を助長する情報の取扱いについて」の通知を出し、「同和地区の識別情報の摘示」は部落差別を助長・誘発する行為であり、差別投稿対策の要請をおこないました。

総務省の要請を受け二〇一七年三月、国内のプロバイダ・通信関連業界四団体がつくる違法情報等対応連絡会は「違法・有害情報への対応等に関する契約約款モデル条項の解説」を改訂しました。

契約約款モデルの第一条「禁止事項」の「他者に対する不当な差別を助長する等の行為」(三項)に「不当な差別的取扱いを助長・誘発する目的で、特定の地域がいわゆる同和地区であるなどと示す情報をインターネット上に流通させる行為」を追加しました。この契約約款モデルを踏まえて、国内の各プロバイダも「同和地区の識別情報の摘示」情報に対する削除等の対応を実施していくことになりました。

モニタリングと削除要請

「部落差別解消推進法」施行後、全国でモニタリング（ネットパトロール）を実施している自治体など二〇〇団体を対象に部落解放・人権研究所がアンケート調査を実施しました（二〇一九年一二月時点）。

調査結果では、二〇〇のモニタリング団体が過去五年間（二〇一五〜二〇一九年）で削除要請をしたのは合計七七〇六件であり、うち削除されたのが四二一九件、削除率は五四％でした。差別投稿が通報され削除されることで、プロバイダや発信者、閲覧者に投稿内容が差別を助長する内容であることに気づかせるとともに、差別投稿に対する抑止力にもなっています（『部落解放研究』二一三号）。

削除内容の分析結果では、各種サイトの利用規約に差別禁止規定がない場合は、削除されない傾向があることなどが明らかとなりました。

①法務省「同和地区の識別情報の摘示」の依命通知

二〇一八年一二月二七日、法務省は各地方法務局・人権擁護機関へ「同和地区の識別情報の摘示」に関する依命通知を出しました。依命通知では「特定の地域が同和地区である、又はあったと指摘する情報を公にすることは、差別の助長・誘発目的かどうかにかかわらず、人権擁護上許容し得ない」とし、「原則として削除要請などの措置の対象」としました。

これまで法務省は「川口は部落出身者だ」など個人を特定した投稿は部落差別に関わる人権侵犯事件として処理していましたが、「〇〇（地名）は同和地区」という投稿は地域名が書かれているだけで個人の権利侵害とは言えないとして人権侵犯事件として扱わず、削除対応をしてきませんでした。

しかし、部落差別は「どこ」が部落かという情報と個人の住所・本籍等が照合されることで、部落出身か識別され結婚や就職などでの差別を受ける危険性があります。そのため「〇〇（地名）は同和地区」と地域名がネット上で晒されることは、人権侵犯事件として対応するという大きな方針転換をおこないました。

②法務省・地方法務局の削除要請の現状

地方自治体がモニタリングによって発見した悪質な差別投稿や「同和地区の識別情報の摘示」投稿を法務局に削除要請しても、法務局が「人権侵犯事案」として認定し、プロバイダへ削除要請をする数は少ないです。二〇一九年の一年間、法務省に対して二〇〇件の削除依頼がありましたが実際に法務省がプロバイダに削除要請したのは二〇件でした。

法務省が人権侵犯事件として「同和地区の識別情報の摘示」情報に対する削除要請をしてもプロバイダは投稿者からの訴訟を恐れ、明確な「違法性」や裁判所の削除仮処分命令等の判例がなければ、差別投稿を削除しないケースが多くあります。削除の実効性を高めるためにも「同和地区の識別情報の摘示」を規制する法整備が求められています。

③「和歌山県部落差別解消推進条例」

和歌山県では二〇二〇年三月に「和歌山県部落差別の解消の推進に関する条例」が施行され、同年一二月に条例を改正しました。第三条「部落差別の禁止」ではインターネットを利用した部落差別行為の禁止、結婚や就職の身元調査による部落差別の禁止、その他、あらゆる行為による部落差別を禁止しています。

また、第七条では「プロバイダの責務」として、①ネット上の部落差別投稿の拡散防止（送信防止措置等）の責務を定め、②ネットを利用して部落差別を行った者に対する県としての取り組み（削除要請・説示・勧告）が追加されました。

④「埼玉県部落差別解消推進条例」

埼玉県でも二〇二二年七月に「埼玉県部落差別の解消の推進に関する条例」が施行されました。第三条「部落差別の禁止」に「何人も、図書、地図その他資料の公表又は流布、インターネットの利用による情報の提供、結婚又は就職に際しての身元の調査、土地建物等を取引の対象から除外するための調査その他の行為により、部落差別を行ってはならない。」と差別禁止規定が盛り込まれ、ネット上の差別投稿への取り組みを進めています。

丹波篠山市が「動画削除」仮処分の申し立て

二〇二〇年九月、兵庫県丹波篠山市内の部落が撮影され差別的に編集された動画がYouTube（Google）とライブドアブログ（LINE）に投稿されました。地元の自治会から相談を受けた市がプロバイダに削除要請をしましたが削除されませんでした。

二〇二〇年一〇月、丹波篠山市長と自治会長の連名で裁判所へGoogle（YouTube）とLINE（ライブドアブログ）に対する差別動画の「削除仮処分」の申し立てをおこないました。その結果、YouTube（Google社）とライブドアブログ（LINE）は係争中に差別動画を自社判断のもと削除しました。

両社との係争中に、同じ動画がニコニコ動画（以下、ドワンゴ）にも掲載されたため、市長と自治会長はドワンゴに対しても削除の仮処分申し立てをおこないました。

裁判でドワンゴは投稿者からの訴訟リスクを恐れ、「任意では削除しない」と主張し、争う姿勢を示しました。その後、二〇二一年二月に「削除仮処分」命令がドワンゴに出され、ようやく差別動画が削除されました。

今回の事件では、ドワンゴのように投稿者からの訴訟リスクを恐れ、裁判所の削除仮処分命令が出るまで、自社の判断では削除しないというプロバイダの課題も明らかになりました。通信関連団体の「プロバイダ契約約款モデル条項」の差別禁止規定や法務省の依命通知（二〇一八年一二月）の限界が浮き彫りとなりました。また、丹波篠山市は差別動画を放置している三社に対して市長名で質問状（内容証明）を送り、抗議と各社の見解を求めた取り組みも評価されました。

法務省がYouTube「公認報告者」に認定

「神奈川県人権啓発センター」（示現舎のYouTubeチャンネル）の「部落探訪」動画に対して多くのモニタリン団体や法務省がYouTubeに対して動画の削除依頼をおこなってきましたが、削除されない状況が続いてきました。このようななか、二〇二一年四月、法務省人権擁護局がYouTubeの「公認報告者」に認定されました。これにより、法務省の人権擁護機関によるYouTubeへの削除要請が、優先的に審査対象となるほか、YouTubeのさまざまなコンテンツ領域に関して法務省と継続的な意見交換が実施されるようになりました。

二〇二一年七月におこなわれた部落解放同盟中央本部との法務省交渉において、法務省は YouTube との意見交換等の場において「同和地区の識別情報の摘示」は削除対象とする法務省の依命通知を YouTube のガイドラインにも盛り込むように積極的に取り組んでいくとの見解を示しました。

「ネット上の誹謗中傷等法的問題の有識者検討会」の取りまとめ

二〇二二年五月、「インターネット上の誹謗中傷等をめぐる法的問題に関する有識者検討会」（公益社団法人商事法務研究会：法務省・総務省・最高裁・憲法学者らが委員）のネット上の誹謗中傷やヘイトスピーチ、「同和地区の識別情報の摘示」などに対する削除の判断基準や法的問題についての「取りまとめ」が公表されました。

「取りまとめ」では「インターネット上の特定の地域を同和地区であると指摘する情報は、通常、プライバシー侵害を理由とする差止めにより削除することができる」として、プライバシー等の人格権を侵害するとの違法性を認めた判断を示しました。

また、プロバイダに対しては「特定の地域を同和地区であると指摘する情報について削除依頼等を受けた場合には、差別を助長・誘発する目的があるかどうかにかかわらず、約款等に基づき、削除を含む積極的な対応を採ることが期待される」とプロバイダ事業者による自主的削除を求めました。

各プロバイダの契約約款の禁止規定に同和地区の「識別情報の摘示」を明確に位置

づけさせ、違反があれば自主的に削除するなど、それらの履行状況をチェックする取り組みが求められています。

ABDARC（アブダーク）が「オンライン署名」

各地のモニタリングによる削除要請、『復刻版』裁判の地裁判決、有識者検討会「取りまとめ」、国会質問などさまざまな取り組みをしても『部落探訪』動画が削除されない状況のなか、ABDARC（アブダーク）が二〇二二年一一月に「被差別部落をさらす動画をYouTubeは削除して！」というオンライン署名を開始しました。

ABDARCは「全国部落調査」復刻版裁判の支援サイトを立ち上げ、部落問題についての情報発信やイベントなどをおこなってきた団体で、部落出身者の原告やカウンター、研究者などのメンバーで運営されており、私も同メンバーの一人として結成当初から動いてきました。オンライン署名には部落解放同盟中央本部も賛同し、ABDARCは二〇二二年一一月に鳥取県米子市で開催された部落解放全国研究集会（全研）で参加者へ四〇〇〇枚のチラシも配布しました。「全研」終了日の夜、SNSを通してオンライン署名の呼びかけが一気に拡散し、開始から二週間でオンライン署名は二八〇〇〇人を超えました。すぐに西日本新聞などにも記事が掲載され、YouTubeに取材するなど、マスコミもこの問題に注目するようになってきました。

「部落探訪」動画、二〇〇本以上が削除

そんななかで二〇二二年一一月三〇日に「神奈川県人権啓発センター」（示現舎）の動画チャンネルから、「部落探訪」や関連動画など二〇〇本以上が一斉に削除されました。今回の削除について YouTube は「ヘイトスピーチポリシーに違反した」とマスコミの取材に対して回答しています。

YouTube が「同和地区の識別情報の摘示」はポリシー違反であると削除基準を公言したことは大きな意味があります。今回の動画削除を受けて、他の類似犯の部落を晒す動画のアカウントでは、タイトルやハッシュタグなどから「部落」「同和」などの文言を修正して、削除されないように変更するなどの動きが出ています。

しかし、鳥取ループは YouTube とは別に新たに動画サイトを立ち上げ、削除された「部落探訪」動画を再度掲載しています。また、示現舎のブログでの「部落探訪」記事（三〇〇本以上）は削除できていないままであり、鳥取ループ以外の部落を晒す動画で未削除のものも多くあります。

すべての部落を晒す動画や差別投稿を削除させるためにも、YouTube は削除ガイドラインに「同和地区の識別情報の摘示」を明確に位置付けさせることが必要です。

また、YouTube以外のTwitterやブログなどでも同様の行為がおこなわれています。

今後はSNS事業者の差別投稿に対する自主規制を強化するためにも、「部落差別解消推進法」改正や同様の行為を禁止する法整備が必要です。新たな状況を踏まえた今後のネット対策について引き続き取り組んでいく必要があります。

SNS差別に対して個人でできること

私たち個人としてできるネット上の差別解消の取り組みとしては、まずは、差別投稿を発見したら放置せずに、どんどん違反通報、カウンター投稿をしていきましょう。最近はYahoo!なども誹謗中傷対策でコメント欄に投稿するには電話番号を登録しないといけないなど対策を取り始めました。また、数年前に比べてYahoo!知恵袋やYahoo!ニュースのコメント欄でも反差別の正しい投稿も少し増えてきました。

Twitterでも部落差別に関する差別的な発言に対して「それはフェイクであり、部落差別を助長する投稿だ。おかしいよ」とカウンター投稿もされるようになってきました。部落に対するデマや偏見・差別を助長するような投稿に対しては、行政や企業などの人権担当者レベルの知識で十分、反論できます。積極的に匿名アカウントを作ってもいいからばんばんカウンター投稿してください。差別を許さないカウンター投稿や情報発信をSNS上でも積極的に投稿していきましょう。

ワクチン学習とSNS・動画の発信

SNSでの差別的投稿はだいたいパターン化しています。「同和利権」とか「在日特権」とか先ほどみた現代的レイシズムの主張がベースとなっています。個別の差別問題の「デマ・ベスト3」とか、「差別主義者の主張ベスト3」など、その差別問題の基本的なデマや偏見、差別者の主張に対する批判などを事前に学習をしておくだけでも差別情報に対するワクチンとして大きな効果を持ちます。差別情報に対するワクチン学習として、各差別問題の主なデマなどを学習しておきましょう。

次に、ポジティブ情報の発信も大切です。今、みなさん、行政や教育委員会でも、どんどんSNSを活用した人権情報発信を始めています。人権ポスターや人権標語を募集していた教育委員会が、現在は子どもたちや市民から人権をテーマにした動画を募集し、それを啓発動画として YouTube にアップして人権教育や啓発で活用するようになってきました。

（一社）部落解放・人権研究所が事務局をしている「世界人権宣言大阪連絡会議」は、二〇二一年に初めて人権動画の募集をやりました、賞金一〇万円で全国の映画や動画をやっている子どもたちや大学生、映像クリエイターなどから五分から二〇分までの人権動画を募集し、いい動画は表彰してネットで発信します。

行政や教育委員会、企業などの人権啓発でも同様の取り組みをやればいいと思います。それをネットで発信すると業者委託するよりもより安く、ユニークなものができると思います。オンライン、ＳＮＳに反差別の情報発信していくときは動画が有効ですから、今後の人権動画の取り組みも積極的にやっていくことが必要だと思います。

第七章　問われるマジョリティへの人権教育

差別は無知・無理解・無関心から起こる

ネット対策と同時にやっぱり部落問題についての学習が大事です。無知・無理解な人ほど危ないです。ネット上の「部落晒し」の投稿を見て、「これはおかしい」と思える力が大事です。差別的にアウティングしない、アウトプットしない、そういう学習を進めることが大切です。

まず、部落差別を考える上でのポイントの一つとして、「差別は無知・無理解・無関心」な人ほど危ないです。だから、部落問題学習、人権学習が必要です。

また、普段は「部落差別はしない」と言っている人でも、子どもの結婚やマイホームの購入など、いざ「利害が絡む」と自らの差別意識が顕在化し、差別する側に回るケースも多いです。だから、差別をしたら損をする社会システムをつくる必要があります。

最後に、差別は見ようとしなければ見えません。そして、差別を見抜く力がないと見抜けません。まずは自分たちが差別の現実を見ようとしているのかどうかが問われています。そして、差別を見抜く力があるかどうかです。だから差別問題や人権問題は、常に自分の知識や意識をアップデート、更新し続ける必要があります。

反差別のロールモデルとの出会い

人権・部落問題を学ぶときに効果的な学習は「顔の見える部落問題学習」です。「当事者と出会い、生の声を聞く」「差別の現実から学ぶ」という学習が、各地の人権意識調査の結果を見ても、やはり一番学習効果があります。また、これからの人権教育では、反差別のロールモデルと出会い、差別をなくす生き方って「かっこいいな」と学習者が思える、そんな人権学習をおこなってほしいです。

差別の現実を学ぶとき、被差別当事者の声を聴き、そこから学ぶことも大事です。同時に「差別をなくす生き方」を学ぶときは、被差別当事者でないマジョリティの側の「反差別の生き方」をしているロールモデルと出会うこともすごく大事です。なぜなら、研修会に参加しているほとんどの人が、その差別問題でいうと差別する側、マジョリティだからです。「なぜ、この人は部落出身でないのに、部落差別解消のためにここまで熱心に同和教育に取り組んでいるのか」「なぜ、この人は男性なのに、ジェンダー・女性差別の問題にここまで敏感に反応して考えているのか」。そんな、マジョリティの反差別の生き方って「かっこいい」な、自分もそんな生き方をしたいなと思える人権学習をしてほしいんです。

ヘイトスピーチのカウンターとの出会い

このように思うようになったきっかけが、ヘイトスピーチのカウンターの人たちとの出会いでした。今から約一〇年前、全国的にヘイトスピーチの被害がピークでした。東京の新大久保、大阪の鶴橋、福岡の天神もそうです。公然と「朝鮮人をたたき出せ、殺せ」と街宣やデモが行われ、警察官たちは「デモ申請が出ているから」と、デモを妨害されないようにとヘイトスピーチをする側を逆に守ります。

悪質なヘイトスピーチ、ヘイトデモに対して、行政は何もしない。警察も守ってくれない。そんな状況を前に、多くの市民が、自らの意思でカウンター行動に出ました。ヘイトデモ・街宣の現場の目の前に行き「差別やめろ」と、直接抗議をしていく。SNS上でのヘイト投稿に対して、カウンター投稿をおこなっていくなど、差別を前に黙することなく、「差別を許さない」と勇気を出して立ち上がり声をあげていきました。

僕も、初めてヘイトデモのカウンターに行ったときはショックを受けました。現場にいくとヘイト街宣・デモをしているのは一〇人から二〇人ぐらいでした。でも、それ以上にカンターの人たちが多くかけつけていました。しかも、みんな「ヘイトスピーチを許さない」と個人の意思で来ていました。

カウンターの人たちは、ヘイトスピーチの街宣に対し、個々人で反差別のプラカードを作って、本当に声をからして抗議していました。しかし、ヘイトスピーチする人は、にやにや笑いながらコールして、対話が成り立ちません。「朝鮮人殺せ」と、笑いながらやっている。この人たちは、何だろう、もう宇宙人かと思いました。一時間ぐらいデモにカウンターの人たちと並走しましたが、精神的にもすごく疲れました。

午後三時か、四時ぐらいに終わりました。少し早い時間でしたが、カウンターの人たちと「もうやってられない。飲みに行こう」と開いている居酒屋を探して、みんなで飲みに行き、そこで、たくさんのカウンターの人たちと友だちになりました。

ここでまたショックを受けました。このヘイトスピーチのカウンターに来ている人たちの多くが在日韓国・朝鮮人の被差別当事者ではなく、マジョリティの日本人の人たちだったのです。

「このヘイトスピーチ問題は、私たち日本人の問題だ。私たちの日本社会が壊されている。だから許せない」「在日の人たちは、こんなひどい現場に来てほしくない。あんなヘイトは聞かせたくない」と話しています。もし当事者の人たちが、大きい声でヘイトスピーチに反論し、罵倒すると、「ほら、朝鮮人は怖い」と言われる。だけど、私たち日本人が、「差別をやめろ」「帰れー」と大きな声で罵声を浴びせても「日本人は、怖い」とは言われない。「川口は怖い」と個人の問題で終わる。マジョリティである日本人の自分たちにできることがある。マジョリティの特権を差別をなくすために使う。これは、「私たちマジョリティの問題であり、私たちが解決しなきゃいけない問題なんです」と言いきっていました。

かっこよかったです。僕はこれまで、こんな反差別運動、カウンターの人たちを見たことがなかったからです。部落解放運動、障がい者解放運動、女性解放運動などさまざまなマイノリティ運動は、まず被差別当事者たちが、圧倒的な非対称、権力構造の違い、力関係の中で、足を踏まれ、傷つけられて、我慢して我慢して、もうこれ以上いったら命が奪われるってとき「もうやめてくれ」と勇気を出し、声をあげます。そしたら、差別した側は話し合いに応じてもくれません。話し合いの場でも、「あれは差別ではない、おまえにも落ち度がある」という二次被害を受け続け、不誠実な対応を繰り返す相手に対して、怒りの声をあげると、トーンポリシングで「ほらやっぱり部落の人は怖い。もうちょっと冷静に言えんかね」と協議の場を打ち切られる。だからこっちは差別者を前にしたとき、いつも感情的にならないように、自分が受けた傷や怒りを押し殺して、冷静に議論してきました。

「差別する側」で決着

もう、そろそろ、被差別当事者を差別者の前面に立たせる運動をやめませんか。全国水平社創立から一〇〇年たちました。差別は、差別する側の問題です。差別する側のマジョリティで解決しませんか。職場で女性に対してセクハラ発言があったら、気付いた男性のみなさんがまず「それセクハラ。アウトです」と声をあげましょう。上司として権力を持っている人は、その力を差別をなくすために使いましょう。障がい者に対する差別があったら、健常者が声をあげましょう。合理的な配慮が必要で予算がかかるなら、健常者の多数派・マジョリティのみんなが「合理的配慮は必要だ。予算かかってもいい」と言いましょう。ＬＧＢＴＱ（性的マイノリティ）に対する差別があるなら、それは、おかしいと指摘し、マイノリティではない「アライ（理解者・支援者）」のみんなが、「ええじゃん、共に生きよう」と声をあげましょう。

そんな生き方をする、うちの父ちゃん、母ちゃんじいちゃん、ばあちゃん、職場の上司や同僚、かっこいいなという反差別のロールモデルに、たくさん出会わせてほしいです。

もっと言うと、みなさんがそんな生き方をしてほしいです。なぜなら、研修会の目の前に来ている人たちの大半がマイノリティです。部落問題を学ぶときに、部落外の人の反差別の生き方から学ぶ、女性差別をなくそうとしている男性の生き方から学ぶ、障がい者差別をなくそうとしている健常者の生き方から学ぶ、それが、「かっこいい」と思える研修が大事です。差別は、差別する側の問題であること、それをなくす反差別の生き方の学習が求められています。

一人にしないペンギン教育を

目の前にある差別や不合理に対して「おかしい」と勇気を出して声をあげる人がいたら、その人を一人にせず、二番手、三番手として声をあげて続くことがすごく大事です。これまでも、「おかしいことはおかしい」と差別の現実に対して、勇気を出して声をあげる人たちはいました。でも、一人だったからつぶされてきたんです。

現状を変えるためには、勇気を出して声をあげた人、アクションをおこした人に、「私もそう思う」とたった一言でいいから、続いて声をあげてほしいです。一番目に声をあげる勇気がなくても、二番手、三番手ならいける。そうやって、「私もそう思う」と続くことで、小さな声がどんどん大きくなり社会に可視化され、アクションに対するリアクションも大きくなり、状況が変わっていきます。

氷河の上にたくさんいるペンギンを想像してみてください。誰も飛び込まないけど、一羽が飛び込むと二羽三羽と、ダーッと続くあのイメージです。社会が変わるのは、

「ファーストペンギン」だけではダメです。セカンドペンギン、サードペンギンが必要です。三人いたら社会が作れます。そして、動かすことができます。これを僕は「ペンギン教育」と言っています。

SNS上では、実際に一人のつぶやきに、多くの人が「私もそう思う」と声が続き、社会的課題が可視化され、問題解決に向けて政治も動き出すということが起きています。二〇一五年、東京のある母親がツイッターに「保育園落ちた、日本死ね」といくつもの保育園から入園を断られた待機児童の問題を投稿しました。すると、「私もそうで、すごく困っている」と同じような思いをしている人が次々と自分の思いを声にしてSNS上で拡散し話題となりました。それをマスメディアが取り上げることで社会問題として可視化され、ついには国会でこの保育園の待機児童問題が大きく議論され始めました。最初に誰かが声を上げ、同じように声をあげた人が続き、そして社会は動いたのです。

性暴力の被害者が、自分の受けた性暴力について勇気を出してSNS上で投稿し、告発しました。「私も同じように被害を受けた」と「#me too」「#me too」とその声がどんどん大きくなり、社会的問題として議論されはじめていきました。「勇気を出して声をあげたら、私だけではなかった」と、その声が広がり、国会に届き、政策課題として動きだした。この成功体験がエンパワーメントです。私たちには力がある、民主主義は私たちのものだ。小さな成功体験は、政治に参加することにつながる主権者教育、シチズンシップ教育です。

ファーストペンギンは、いつの時代にもいました。でも、一人だったからその声はかき消されていきました。大事なのはセカンドペンギン、サードペンギンと続くこと。そうやって声を上げたら変わったという成功体験をどんどん積み上げてほしい。SNSは差別する人をつなぐ道具にもなったけど、差別をなくす、社会問題を解決するためにもその一人ひとりの小さな声を可視化するためにも使っていけるのです。

実は今回のコロナ禍でもたくさんの成功体験があり、国の政策が変わっていきました。私たちには人権という権利があり、それを発信し、エンパワーメントしていくことを学ぶ研修をしっかりやってほしいと思います。

「マジョリティの特権」を考える

差別問題は差別する側のマジョリティの在り方が問われています。その時に、「マジョリティの特権」を考えるという視点がポイントになります。上智大学の出口真紀子さんが、アメリカの人種差別問題の研究で使われてきた「マジョリティの特権」という概念を日本でも紹介されています。

これまでの日本の同和教育・人権教育では、よく「自らの差別意識と向き合う」と言って、自らのマイノリティに対する偏見や差別意識と向き合ってきました。これも大事ですが「マジョリティの特権」を考えるという、少し違う視点があります。

多数派・マジョリティとして生きていること、権力を持つ立場で生きていることは、すでにさまざまな場面において優位に立たされて生きているということです。その自分の権力性・優位性を「特権」として自覚することが大切だということです。

男性として生きている方は、この男性優位の社会では、女性に比べてすごく優位に生かされていること、健常者として生きているみなさんは、障がい者の人に比べてものすごく優位に生かされていることは、「特権」であると自覚することが大切です。

①マイクロアグレッション（無自覚の差別）

現代の差別には大きく二つあります。ヘイトスピーチや鳥取ループ・示現舎のような確信犯による露骨な差別行為と、明らかな差別とまでは言えないけど、悪気なくマイノリティを無自覚に傷つけていく「マイクロアグレッション」（無自覚の差別）という差別があります、

マイクロアグレッションとは、偏見やステレオタイプ、その差別問題の歴史や現状などに対する無知などから、マイノリティを無自覚に傷つけていく差別のことを言います。

マイクロアグレッションは、他者を「差別してやろう」と思って悪意を持って意図的にやっているわけではありません。逆に他者を褒めているつもりやステレオタイプの見方でマイノリティを傷つけることがあります。マイノリティも、侮辱の意図を持つ攻撃的な差別であれば「それは差別だ」と指摘したり、抗議したりしやすいのですが、相手が無意識・無自覚に悪気なくおこなう言動であれば指摘できず、傷つきながら我慢させられる日常が続きます。

②アンコンシャス・バイアス

「マイクロアグレション」をしてしまう前提には、「アンコンシャス・バイアス」(無意識の偏見)といって、無意識のうちに刷り込まれたステレオタイプや先入観、マイノリティへの偏見などがある場合も多いです。

例えば、「白バイの巡査部長が事故をした」と聞いたとき、多くの人が無意識に男性と思い込んでいませんでしたか。現在、女性の白バイの警察官もいます。ひょっとしたらトランスジェンダーの人かもしれません。しかし、「白バイ」「巡査部長」と聞いたら多くの人が「男性」と思ってしまいます。これをジェンダーバイアスと言います。ジェンダーに関するバイアス、先入観が刷り込まれています。

保育士と聞いたら、最近は、男性保育士もぱっと浮かぶようになってきました。警察官とかいうと、ぱっと男性をイメージする。誰もが、そんなバイアスをもって生きており、自分もそういう部分があるということを自覚すること、そして、その無意識の思い込みや偏見が相手を傷つけることがあるのです。「やさしい人」でも「思いやりを持っている人」でも、無自覚にマイノリティを傷つけ、差別していることもあります。だからこそすべての人が、差別について学ぶ必要があると思います。

私自身の情けない反省も踏まえた、マイクロアグレッションの具体的な事例を話します。

③ジェンダーバイアス

以前、ある市役所での講演会に行ったときの出来事です。講師控室で待機しているとき担当者の方が「部長が挨拶に来られました」と男女二人の上司を連れて部屋に入ってきました。上司の二人が近づいてきたとき、僕は最初に部長と思った男性の方に名刺を渡そうとしました。すると、その男性の方が「私は課長の○○です。部長はこちらの▲▲です」と隣の女性に先に名刺交換をするように勧めました。その時、女性の部長は軽く笑顔で「川口さん、大丈夫ですよ。いつものことですから。私が部長の▲▲です。」と言って、私に名刺を差し出しました。「いつものこと」だと言った彼女は、これまで名刺交換の度に、何度も何度も同じような経験をしてきているのです。

何十年間にわたる自分の仕事に対するキャリが評価されるのではなく、女性に対するジェンダーバイアスによって、日常的に傷つけられてきたということです。普段、人権研修で、「部落差別」や「人権」について講演している自分が、女性差別については自身のジェンダーバイアスに気づくことなく、同じようにその部長を傷つけてしまっていたことをすごく恥じました。

④同性愛者に対して

大学時代に仲の良かった友人がいました。すごくイケメンで、女性からも人気がありましたが彼にずっと交際相手がいませんでした。僕は善意で「なんで彼女つくらないの？」「好きな女性のタイプは？」「あなたに好意を持っている女性がいるから、紹介するよ」など「悪気なく」「善意」で言っていました。

卒業前、二人で飲んでいるときにカミングアウトされました。「実は自分はゲイなんだ」と。僕が悪気なく「彼女できたのか」と言うたびに「自分がゲイであることを言えなくなった」と。僕は解放運動をしていて、差別や人権問題の事には理解があると思っていたけど、「それでも自分がゲイであることをカミングアウトすることは怖かった。でも、ちゃんと自分のことを分かって欲しかったから」とこれまでの生い立ちや思いを話してくれました。これ以降、僕は「恋人」「パートナー」「交際相手」という言い方をするようになりました。

⑤選挙運動のとき

部落出身の組織内議員を当選させようと、解放同盟の仲間たちと連日、「〇〇候補をよろしくお願いします。必ず投票にいきましょう」と選挙運動をしていました。そんなある日、青年部で一緒に活動していた在日コリアンの仲間に言われました。「川口くん、在日の俺には投票権がない。みんなそんなことは知っているはず。なのに、なぜ俺や家族の前で『みんな、必ず投票に行こう』と平気で言えるのか。俺にはその一票がない。ほんとに悔しい。だから、投票権のある人には棄権して欲しくない。そう思って俺は選挙運動してるんや」と涙を流して、その悔しさを話してくれました。自分は頭では外国籍の在日韓国・朝鮮人の人には参政権がないことを知っていましたが、それが目の前の友達のことであることとつながっておらず、本当に情けなくなりました。

この事があって以降、僕は「有権者の方、投票権のある方は投票にいこう」と言い方を変えるようにました。選挙の度に、自分たちの意見が政治に反映されず悔しい思いをしている人たちがいる。そのことを問い続ける必要があります。

部落問題でのマイクロアグレッション

では、部落問題でのマイクロアグレッションとはどういうものがあるでしょうか。

自分が部落問題について「もっと知ってほしい」「考えてほしい」「この人にはわかってほしい」と思ったとき僕は「実は、僕は部落出身です」とカミングアウトすることがあります。

そのときによくある反応が、「もう、今は部落差別とかないでしょう。あなたは意識し過ぎだよ、気にし過ぎだよ。私たちは、もうそんなこと気にしてないから」「学校とかで部落問題について教えたりするから、知らない人まで部落差別のことを知って、差別が残るんだよ」と「寝た子を起こすな」論を言われます。

この発言は明らかな差別発言とは言えません。主には部落差別についての現状認識の違いからくる発言です。部落差別を受けるリスクがない人にとっては、「気にしない」で生きていけます。でも、部落出身の自分たちにとっては、ある日突然、親しい人から部落に対する偏見や差別的な発言を聞かされて胸が苦しくなる思いをさせられることがあります。恋愛や結婚で差別を受けるかもしれません。親族や地域の人たちの中でも差別を受け、苦しんできた人たちの話もたくさん見聞きして生きています。

社会に差別があるから、そう不安に思うのです。「もう、部落差別とかないでしょう。昔の話でしょう」と言われることは、当事者にとっては、部落差別の現実を「ない」ことにされ、そんな差別に対して悩んだり、不安に思ったりして生きている自分の存在が否定された気持ちになります。

また、「本当に部落差別があるというなら、私に納得できるように証明してよ」と言われているように感じます。だから、本当は話したくないけれど、部落差別が現実にあることを伝えるために、自分のプライベートな恋愛差別や結婚差別、親や家族などが受けてきた差別の話をします。

しかし、そうやって「自分や家族はこんな差別を受けてきたんよ」と勇気を出して相手に自己開示し、「こんな差別事件が起きているんよ」と一生懸命に伝えても、「でも、私の周りで聞いたことない」と軽く言われると、もう話すのをやめようと悲しくなります。

「そっとしておいたら（差別はなくなる）」「わざわざ取り上げて教えたりするから（差別がなくならない）」という「寝た子を起こすな」論は、当事者には「おまえら、もう黙っとけ。差別、差別と言うな」と聞こえるのです。いつまで我慢していたらいいのか？と思います。言っている側には、悪気はありません。でも、被差別当事者は、傷つきます。なんかもやもやします。「おまえは部落民のくせに」など明らかな差別発言であれば「それは差別だ」と指摘して抗議しやすいです。でも、マイクロアグレッションは、そうじゃないから言いにくい。それも、「理解してほしい」と思える、大切で身近な人から言われると余計傷つきます。

自己開示・キャッチャーの存在

「部落差別解消推進法」第六条には「相談体制の充実」があります。

しかし、各地の人権意識調査や実態調査の結果を見ても、部落差別や人権侵害を受けた多くの人たちは法務局や行政などに相談には行っていません。まず、「相談する」「自分のことを話す」という自己開示・カミングアウトするために、「キャッチャーの存在」が必要です。この場だったら、この人だったら言っても分かってもらえる、この相談ができるという「キャッチャー」がいて初めて言えるのです。

日頃、部落問題の発信などしてないような行政の人権担当課や学校の先生などに、部落差別の相談に来るわけありません。日頃からこの人は、この人権センターは、この隣保館は、一生懸命に部落差別のことに取り組んでいる、積極的に広報物などでも一生懸命に部落問題のことを発信し、取り組んでいると思えるから、部落差別に悩んでいても相談に来ます。

「この人は男性だけど、いつも女性差別に敏感に反応してくれている」「この人だったらセクハラの相談をしても分かってもらえる」と、相談に来るのです。相談件数が少ないっていうのは、それだけ、発信できていない、相談できるキャッチャーとして信頼されていないのです。悩んでいる人が、自己開示するためには、信頼できるキャッチャーの存在が必要です。

だから、そのためにはまずは自分たちからの発信が必要です。信頼される、安心できる場をつくることが、すごく大事です。そんな人権学習の場となってほしい。今回の研修の場も含めて、自分のことを言っても受け止めてくれた、自分だって同じ思いがある。自分のことを見つめて語って、そして仲間としてつながっていく。こういった人権教育や研修っていうのが大事になってきています。

反差別の声をあげるアスリートたち

自分は差別をしないから大丈夫で終わっては、ダメです。差別問題は、差別が現存する社会の中で、差別を許さない生き方や行動、アクションが問われています。

例えばそのロールモデルが、大坂なおみさんです。彼女は、二〇二〇年に四つのテニスの世界大会のうち、全米オープン・全豪オープンの二つで優勝しました。そのときにはBLM（Black Lives Matter）と、人種差別に抗議し、白人警官に殺され亡くなった方の名前入りのマスクをしてコートに立ちました。

二〇二〇年五月、米国で黒人男性のジョージ・フロイドさんが白人警官に職務質問されて、警官が膝でフロイドさんの首を九分間近くにわたり圧迫し、フロイドさんは何度も「息が出来ない」と訴え、亡くなりました。

全米では人種差別であると大規模な抗議行動が起きました。アメリカのプロバスケットボール(NBA)や米プロ野球(MLB)、米サッカー(MLS)、米アメリカンフットボール(NFL)など、さまざまなスポーツの業界団体でも声明や試合延期などの抗議行動が展開されていきました。

しかし、テニス業界ではなかなか動きがなく、大坂なおみさんがいち早く声をあげ抗議したのです。過去に同様に警察官に殺された黒人の方の名前をマスクに刻んで、コートに立ちました。そして、今回の事件、そしてこれまでの黒人差別に抗議して訴えていきます。決勝まで七試合、七人の過去に殺された方の名前をマスクに刻んで試合をし、そして優勝しました。スポンサーとの政治的関係で、いろんなプレッシャーもありました。それでも彼女は、自分の意志を貫いて勝ち続け、そして優勝しました。

大坂なおみ選手は「すごい」と、世界中から絶賛されました。この当時を撮影したドキュメンタリー番組がネットフリックスで配信されおり、私も視聴しました。彼女がここまで本気で悩み、それでも立ち上がったということは、知りませんでした。

プロスポーツ選手などの影響力がある人が、その力を差別をなくすため使っていること、声をあげて行動している生き様はすごくかっこいいです。そんな反差別のロールモデルを子どもたちにもたくさん紹介してあげてほしいです。

①東京オリ・パラで反差別の声をあげる選手たち

昨年の東京五輪とパラリンピックでは、さまざまな選手が、反差別のメッセージをたくさん発信しました。女子サッカーで一回戦にイギリスの選手が試合開始前に人種差別に抗議する意志を示す片ひざをついたアピールをしました。

二回戦は、英国と日本戦でした。日本女子サッカーのキャプテンもチーム全員で相談して「自分たちもやろう」と決めました。当日は日本と英国、両チームの選手、監督、審判などピッチの上で全員やりました。圧巻でした。オリンピック・パラリンピックという世界が注目する大会で、本当にトップ選手たちが世界に対して、反差別のメッセージを発信しました。今、この時代の中で本当にかっこいいと思います。

②BTSが米大統領にアジア人へのヘイトクライム解消を訴える

そして、世界のトップアイドルグループ、韓国のBTSです。彼たちは二〇二二年六月、米国に行き、バイデン大統領に会って、「アジア人に対するヘイトクライムをなくしてくれ」と訴えました。

中国から発生した新型コロナウイルス感染症が米国でも広がりました。それが一つの原因となり、アジア人が、街中で暴行などを受けています。米国人にとって、韓国人も中国人も日本人も見分けがつきません。だからアジア系を代表して、「アジア系に対するヘイトクライムをなくしてくれ」と世界のトップアイドルが、バイデン大統領に訴える、反差別の行動をしました。

このように、世界のトップアイドルや俳優、ミュージシャンなど多くの著名人たちは、差別に対してしっかりと声をあげて、自らの力やお金を使って反差別のアクションを起こしています。

このように、子どもたちに差別をなくする生き方って「かっこいいよね」、「自分たちもそんな生き方がしたい」と思える反差別のロールモデルを人権学習などでも積極的に取り上げてほしいです。

コロナ差別の中、たった一人でもアクション

二〇二〇年八月、コロナ禍での初めての夏です。高知県にある知的障害者支援施設でクラスターが起き、入所者一一人と職員六人が感染しました。高知県内での福祉施設でのクラスターは初めてで、夕方の地元ニュースで放送されました。数日後、その施設の入り口付近の門前で、あるおじさんが「頑張れ　あじさい園」と書かれたのぼり旗を設置し、炎天下の中、施設の入所者や通勤してくる職員さんに手を振って励まし続けていました。

職員の人が、お礼を言いにその男性のところへ行

「頑張れあじさい園」　コロナでクラスター発生の施設に応援旗
高知新聞社
SHARE
頑張れあじさい園
https://www.kochinews.co.jp/article/detail/390839

き、名前を聞いたのですが、「かまん、かまん」と言って名前は教えてくれませんでした。自分は名乗るようなもんでもなんでもない。ただでさえ、知的障害者の入所施設に対する偏見や差別はまだまだ厳しい。そのような中で、クラスターが起きたことをニュースで知った。自分に何かできることはないかと、のぼり旗を作って、施設の入り口付近にくくりつけて、励まし続けていました。このように、コロナ禍の中でも、たった一人で行動を起こしている人がいたことを知ってほしいです。

一通のツイートが流れを変える

二〇二〇年八月、島根県松江市にある立正大学湘南高校で、日本で初めて一〇〇人を超えたメガクラスターが起きました。この湘南高校は、三〇〇人ぐらいの学校で、うち約二八〇人が県外の学生です。サッカーや野球の部員の多くが寮生活です。サッカー部の寮で八〇人を超える、メガクラスターが起きました。職員を含めて一〇〇人を超えた段階で校長先生が記者会見をおこないました。

翌日、全国放送の朝のニュースでその記者会見の放送が流れました。その途端、島根県内をはじめ全国から「学校をつぶしてしまえ」「おまえたちのせいで、松江に人が来なくなった。」「花火大会が中止になった、どうしてくれる」という誹謗中傷の電話が学校に次々とかかってきました。さらには、生徒たちの顔写真がSNS上にばらまかれて「こいつらに、会ったら気をつけろ」という誹謗中傷もありました。

その中で、ある一通の投稿が流れを変えます。サッカー選手の本田圭佑さんが、ブラジルから、

「湘南高校のサッカー部のみんな、コロナに感染しても謝罪する必要ないよ。対策をしても感染確率ゼロにはできない。それより熱や体は大丈夫か。今はしっかり食べて休めよ。また治ったら夢に向かって頑張れ。非難している人だけではないよ。心配している人もたくさんいることを忘れないで」

というツイートをしました。

この一通のツイートが、流れを変えていきます。Jリーガー最年長の三浦知良選手や長友佑都選手など世界で活躍する日本選手たちが、次々と海外から同じような動画やメッセージを発信していきます。

その流れが、全国の高校サッカーチームに伝わっていきます。二〇二一年度の全国高校サッカー選手

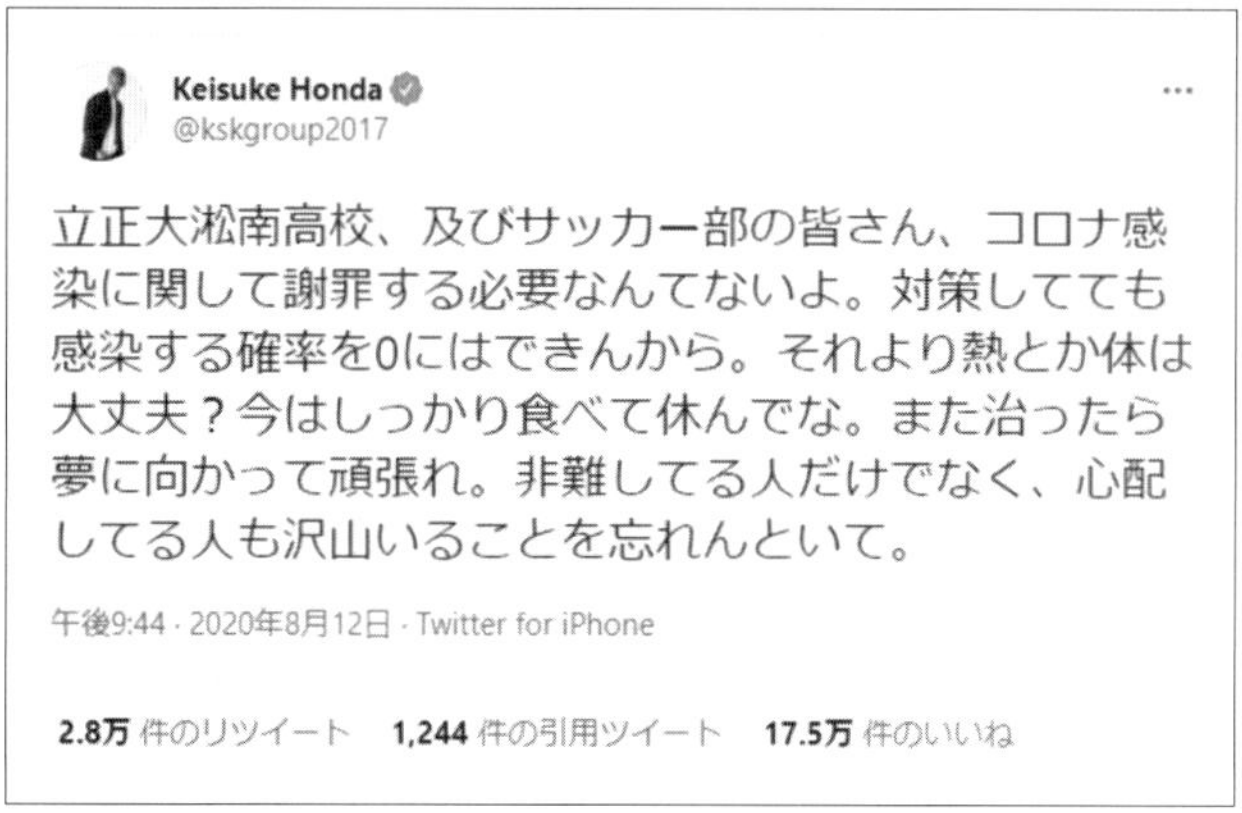
Keisuke Honda
@kskgroup2017

立正大淞南高校、及びサッカー部の皆さん、コロナ感染に関して謝罪する必要なんてないよ。対策してても感染する確率を0にはできんから。それより熱とか体は大丈夫？今はしっかり食べて休んでな。また治ったら夢に向かって頑張れ。非難してる人だけでなく、心配してる人も沢山いることを忘れんといて。

午後9:44 · 2020年8月12日 · Twitter for iPhone

2.8万 件のリツイート　1,244 件の引用ツイート　17.5万 件のいいね

権大会優勝校・全国トップチームの青森山田高校も早い段階で支援の励ましの動画メッセージを流していきます。そしたら少年サッカーチームも含めて、全国の高校や地元のサッカーチームなどから、この学校に激励のＦＡＸや手紙のメッセージ、寄付や支援物資が次々と届き始めます。たった半月で誹謗中傷が九八件ありましたが、「頑張れ、湘南高校」という激励や寄付も同じぐらい届きました。

僕は、この学校の校長先生とお会いして話をしたことがあります。

「川口さん、私はあの一カ月間、校長として、寝れんかったん」と。次々と感染拡大する中、県外の保護者にも電話しないといけないけど、でも、電話がパンクしている状態。誹謗中傷の電話やＳＮＳ上では生徒たちの顔写真がばらまかれていました。サッカー部の子たちは、一カ月間、寮生活で練習もできませんでした。寮で換気のために窓を開けると近所の住民から、電話がかかってきます。「窓を閉めろ、コロナがうつる」と。職員の家族は、陰性でも二週間、職場に行けませんでした。それぐらい厳しく、「本当に心が折れそうだった」と言っていました。

しかし、最初の段階から誹謗中傷と同じぐらい、自分たちのことを励まし続けるメッセージが届き続けたと。世界で活躍する日本のトップ選手から、次々と動画メッセージが送られてきた。それを全部、部員たちに見せた。「こんな選手からも来たぞ。こんな学校からも来たぞ」と、部員を励まし続けた。「あれで私たちは、心が折れなかったんです。川口さん、誹謗中傷だけじゃなかった。同じぐらい私たちを励ました人がいたことをぜひ伝えてほしい」と言われました。

一〇〇年後、どんな社会を後輩に残すのか

僕ね、ここだと思うんです。今回のコロナ禍、コロナに感染した人に誹謗中傷が向かっていきます。感染者やその家族・職場などに向かって「おまえのせいで」と、叩く人もいました。SNSでの誹謗中傷、ゆがんだ正義感で叩く人もいました。

でも、僕らは、叩かれている人がいたら、そばにそっと寄り添って、「おまえ、大丈夫か」と励ます人でありたい。叩く人がいたら、「おまえ、差別やめろ」とカウンターができる、そんな生き方を

2020年10月16日 新型コロナウイルス感染症対策分科会「偏見・差別とプライバシーに関するワーキンググループ」第3回会議 資料5より

したいと思います。
アフターコロナ、コロナ後の社会をどう設計し直すか。あらためてこの社会の矛盾が浮き彫りになった中で、私たちは、叩かれている人のそばにそっと寄り添える、叩いている人がいたら、「やめろ」と言える、カウンターできる、そんな人権のまちづくり、そんな社会を作っていきたいと思います。

二〇二二年三月、全国水平社創立から一〇〇年を迎えました。水平社宣言は最後に「人の世に熱あれ，人間に光あれ」と謳っています。「部落の人に熱あれ、光あれ」じゃないんです。「人の世」なんです。「人間」なんです。差別はする側の人間性や社会性をも壊しているのだと。だから、そんな「する」「される」関係性をなくして、対等な関係、水平な社会を作っていこうと立ち上がりました。それから一〇〇年が経ちました。

この一〇〇年後のバトンは今、私たちに渡っています。次の一〇〇年、私たちはどんな社会を次の世代に残していくのか。水平社が目指した「よき日」に向けて、みなさんと反差別の生き方を共にしていきたいと思います。

■【資料】 裁判の経過（二〇一六年四月提訴、二〇二一年九月二八日一審判決）

二〇一六年

二月八日　示現舎が『全国部落調査・復刻版』をAmazonで予約開始（四月一日発売予定）

三月一〇日　アマゾン出版が販売中止（既に五三冊予約済）

三月一〇日　法務大臣「人権擁護上、看過できない問題であり、あってはならない」（参院法務委員会）

三月二八日　横浜地裁が『全国部落調査・復刻版』の出版禁止の仮処分決定

三月二九日　東京法務局長が示現舎（M）に「人権侵犯事件」として説示

三月二九日　ヤフオクに『全国部落調査』・訴訟資料出品、五万一千円で落札（一五〇件入札）

四月一二日　『全国部落調査・復刻版』をネット上にPDFファイルで公開・拡散

四月一八日　横浜地裁がサイト掲載禁止の仮処分決↓ミラーサイト（複写）作成、拡散

四月一九日　解放同盟が東京地裁で「損害賠償請求」（原告二四八名と解放同盟二億八千万円）

口頭弁論…第一回七月五日　第二回九月二七日　第三回一二月一二日、第四回二〇一七年三月一三日

二〇一七年

三月一六日　横浜地裁が「仮処分決定」の不服申立を棄却（出版・サイト掲載禁止を維持）

六月一六日　出版禁止の仮処分決定、東京高裁も地裁判決を支持（抗告を棄却）

口頭弁論…第五回六月二六日　第六回九月二五日、第七回一二月二五日

九月二八日　東京高裁がウェブサイト仮処分決定を「維持」決定（Mの抗告棄却）

二〇一八年

口頭弁論…第八回三月一二日

二〇二〇年　証人尋問…第一回八月三一日、第二回九月一四日、第三回九月三〇日、
　　　　　第四回一一月八日
二〇二一年
三月一八日　第一審結審
九月二七日　東京地裁（第一審）判決…原告勝訴
　　　　　①「復刻版」出版差し止め、ネット上でのデータ配布・二次利用禁止を命じた
　　　　　②損害賠償　合計約四九〇万円！（一人当たり　五五〇〇〜四四〇〇〇円）
二〇二二年
八月三日　東京高裁　控訴審第一回口頭弁論
二〇二三年
二月一日　東京高裁　控訴審第二回口頭弁論
六月二八日　東京高裁　第二審判決

■部落問題などをもう少し学びたい人へ（おすすめ図書）

★ネット人権侵害と部落差別

・『ネットと差別扇動』（川口泰司・荻上チキ・津田大介・谷口真由美、解放出版社）
・『ネット時代の部落差別』（川口泰司、福岡県人権研究所）
・『ネット人権侵害と部落差別の現実』（共著、部落解放・人権研究所）

・『テクノロジーと差別』（共著、解放出版社）
・『暴露と曲解　部落ってどこ?』（奥田均・高橋典男・土田光子、部落解放・人権研究所）
・『ネット中傷　駆け込み寺』（佐藤佳弘、スマイリーキクチ、武蔵野大学出版）

★部落問題の入門編

・『知っていますか?部落問題一問一答　第3版』（奥田均編著、解放出版社）
・『はじめての部落問題』（角岡伸彦、文春新書）
・『ふしぎな部落問題』（角岡伸彦、ちくま新書）

★部落史の基本編

・『これでわかった!部落の歴史』（上杉聰、解放出版社）
・『これでなっとく!部落の歴史』（上杉聰、解放出版社）
・『部落史がわかる』（渡辺俊雄、解放出版社）
・『近代部落史』（黒川みどり、平凡社新書）
・『入門　被差別部落の歴史』（寺木伸明、黒川みどり、解放出版社）

★部落問題学習（学校の先生向け）

・『部落史に学ぶ』、『部落史に学ぶ2』（外川正明、解放出版社）
・『はじめてみよう！これからの部落問題学習』（ひょうご部落解放・人権研究所編、解放出版社）
・『部落問題学習のネタ　１・２・３』（星野勇悟監修、解放出版社）

★結婚差別

・『結婚差別の社会学』（齋藤直子、勁草書房）
・『結婚差別　データで読む現実と課題』（奥田均、解放出版社）
・『沈黙せず―手記・結婚差別』（宮津裕子、解放出版社）
・『はじけた家族―手記・結婚差別』（和田武広、解放出版社）

★部落出身者の体験談など

・『被差別部落の青春』（角岡伸彦、講談社文庫）
・『ハートで挑戦！自己解放への道』（川口泰司、解放出版社）
・『部落差別を超えて』（臼井敏男、朝日新書）

★偏見やマイクロアグレションを考える

・『差別はたいてい悪意のない人がする』（キム・ジヘ、大月書店）
・『日常生活に埋められたマイクロアグレション』（デラルド・ウィン明石書店）

川口　泰司（かわぐち やすし）

■プロフィール（経歴）

1978 年愛媛県宇和島市の被差別部落に生まれる。中学時代、同和教育に本気で取り組む教員との出会いから解放運動に取り組むようになる。大阪の大学を卒業後、（社）部落解放・人権研究所、（社）大阪市新大阪人権協会を経て、2005 年から、（一社）山口県人権啓発センター事務局長。

「寝た子」はネットで起こされる!?
― ネット人権侵害と部落差別 ―

2023 年 5 月　初版発行
2024 年 10 月　第三刷発行

著者 川口 泰司
発行 公益社団法人福岡県人権研究所

〒812-0046
福岡市博多区吉塚本町 13-50
福岡県吉塚合同庁舎4階
TEL（092）645-0388
FAX（092）645-0387
URL http://www.f-jinken.com/
E-mail info@f-jinken.com